PR JE

SZTUCZKI MAGICZNE

Poradnik pełen niesamowitych i łatwych do wyćwiczenia sztuczek!

Ilustracje
David Mostyn

WYDAWNICTWO WD DEBIT

Osoby, którym dedykuję tę książkę, to:

James Luzzi, „Lord James", który podsycał moje zamiłowanie do magii, od kiedy skończyłem dwanaście lat, i od którego nauczyłem się sztuki magicznej. Bardzo sobie cenię Twoją przyjaźń i wiedzę.

Warren Schueler, którego licealne kółko magii dało mi szansę na naukę i występy przed dużą publicznością, mimo że byłem śmiertelnie przerażony. Zmieniłeś świat wielu swoich uczniów.

Donna, Danny i Lindsay, dzięki którym wiem, co to jest magia miłości!

Tekst **Michael Lane Sherman**
Ilustracje **David Mostyn**
Tłumaczenie **Weronika Różycka**
Redakcja **Alicja Kaszyńska**

ISBN 978-83-7167-986-5

Wydawnictwo DEBIT sp. j.
43-300 Bielsko-Biała, ul. M. Gorkiego 20
tel. 33 810 08 20

Zapraszamy do księgarni internetowej na naszej stronie:
www.wydawnictwo-debit.pl

Wydrukowano w Singapurze

SPIS TREŚCI

SZTUCZKI KARCIANE 5

Magia na talerzu ✪ Skaczące walety ✪ Kieszonkowiec ✪ Zawsze na wierzchu ✪ Na czubku palca ✪ Wyłaniająca się karta ✪ Schowana, znaleziona ✪ Jeszcze dziwniejsza sztuczka ✪ W linii

SZTUCZKI Z MONETAMI 29

Znikająca moneta ✪ Magiczna moneta ✪ Wypadająca moneta ✪ Moneta z banknotu ✪ Potrzyj dłonie ✪ Jeden grosz, pięć groszy ✪ Zaznaczona moneta ✪ Moneta się poci ✪ Łapanie monet

CZAS NA SHOW! 51

Lewitacja ✪ Pach! ✪ Unoszący się pierścionek ✪ Długopis w butelce ✪ Szybkie znalezisko ✪ Och! ✪ Spadająca moneta ✪ Szybkie zniknięcie ✪ Trach! ✪ Uwolniony! ✪ Ściągnięta koszula

MAGIA UMYSŁU 77

Oko umysłu ✪ Przewidywanie wyboru ✪ Niewidzialna ręka ✪ Takie same ✪ Pan Magus ✪ Wynik w kopercie ✪ Abakus ✪ To ta! ✪ Wybrany

PAPIEROWA MAGIA 95

Przechodzenie przez papier ✪ Magiczna naprawa ✪ Lewitujący kubek ✪ Skaczący papier ✪ Papierowe drzewo ✪ Ponad głową ✪ Przemiana pieniędzy ✪ Kółko i krzyżyk ✪ Podrzyj i scal

SZTUCZKI STOLIKOWE 111

Karta przenikająca przez stół ✪ Zniknięcie monety ✪ Zamieszanie z trzema kubkami ✪ Rozbita! ✪ Zgarnięte ✪ Balansujący talerz ✪ Woda w lód ✪ Żywy palec ✪ Supeł

WIADOMOŚĆ DLA CIEBIE

Czy chciałbyś zostać magikiem, sztukmistrzem, wróżbitą, czarodziejem, magiem, czarownikiem, iluzjonistą? Żaden problem – zademonstruję Ci, jak to zrobić!

Magik to osoba, która pokazuje, że niemożliwe jest możliwe, rzeczy nieistniejące istnieją, a prawa natury można zmieniać, i każe ludziom w to wierzyć! Jeśli chcesz rozpocząć podróż po świecie magii, ten przewodnik poprowadzi Cię najlepiej. Znajdziesz w nim niesamowite sztuczki, łatwe do nauczenia i wzbudzające podziw widzów.

Dobry magik musi być wyśmienitym artystą. Zanim więc wystąpisz przed publicznością, starannie wyćwicz wszystkie sztuczki w zaciszu swego pokoju. Najlepiej trenuj przed lustrem, bo dzięki temu zobaczysz na własne oczy, kiedy magia w Twoim wykonaniu zadziała.

Podczas występu mów powoli, wyraźnie i głośno, by wszyscy dobrze Cię słyszeli. Jednak nie uprzedzaj, co się za chwilę wydarzy. Koniecznie „pilnuj kątów", czyli zwróć uwagę, gdzie stoją lub siedzą widzowie podczas występu. Powinni znajdować się na wprost Ciebie. I najważniejsza rada: nigdy, przenigdy nie zdradzaj sekretów sztuczki. Jeśli ktoś o nie zapyta, odpowiedz krótko: „To magia!".

Jeśli będziesz przestrzegać tych wskazówek, już wkrótce masz szansę stać się doskonałym magikiem. Baw się dobrze!

Magik Mike

PRZYSIĘGA MAGIKA

Przysięgam nie zdradzać tajemnic magii nikomu, kto nie jest magikiem.

Przysięgam dokładnie przećwiczyć wszystkie sztuczki magiczne, zanim podejmę się wykonania ich przed publicznością.

Przysięgam szanować moją sztukę, sztukę magii.

Podpis magika

SZTUCZKI KARCIANE

MAGIA NA TALERZU

ILUZJA

Widz wybiera kartę z talii. Wartość i kolor karty w magiczny sposób pojawią się na talerzu trzymanym przez magika.

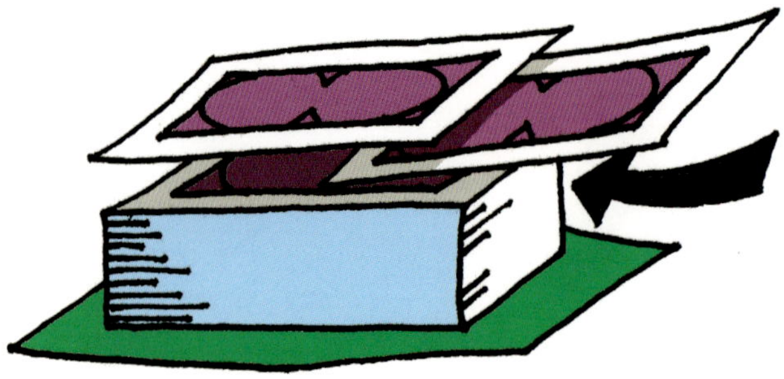

1 Przed wykonaniem sztuczki magik wybiera kartę, ogląda ją i układa w talii jako drugą od góry.

2 Za pomocą pisaka lub mydła zapisuje symbol karty na papierowym talerzu. Jeśli na przykład jest to czwórka kier, zapisuje 4 i symbol serca.

3 Następnie zasypuje piaskiem całą powierzchnię talerza.

4 Magik kładzie talię kart grzbietem do góry. Teraz już może wykonać sztuczkę.

5 Dzieli talię na dwie części i ponownie kładzie na stole grzbietem do góry.

6 Bierze pierwszą kartę z tej części talii, która była na wierzchu i przekłada ją pod spód.

MAGIA NA TALERZU

7 Magik wskazuje kartę z wierzchu talii (jest to ta wybrana przez niego wcześniej) i prosi jednego z widzów o zatrzymanie jej bez pokazywania innym.

8 Teraz powoli zsypuje piasek z talerza i odsłania zapis. Następnie prosi widza o pokazanie wszystkim schowanej karty. Jej wartość jest identyczna z zapisem na talerzu.

SKACZĄCE WALETY

ILUZJA

Magik pokazuje widowni cztery walety, następnie każdy z nich wkłada w dowolne miejsce talii kart. Wykonuje kilka magicznych gestów i... wszystkie walety wskakują na wierzch talii.

1 Magik trzyma w ręku cztery walety i pokazuje je widowni. Karty powinny być ułożone w wachlarz, czyli zachodzić jedna na drugą.

2 Za czterema waletami ułożonymi w wachlarz schowane są cztery dowolne karty. Magik kciukiem przytrzymuje te karty za ostatnim waletem.

SKACZĄCE WALETY

3 Za pomocą obu rąk składa walety razem, a z nimi również dodatkowe karty.

4 Na wierzchu talii leżącej na stole kładzie osiem kart (widzowie myślą, że tylko cztery walety).

5 Następnie bierze pierwszą kartę z góry (to jedna z czterech dodatkowych kart) i mówi: „Włożę tego waleta gdzieś w środek talii”. I robi to, uważając, by nie pokazać karty widzom.

6 Powtarza czynność z pozostałymi trzema kartami.

7 Wykonuje rękami magiczne gesty nad leżącą na stole talią.

8 Potem zdecydowanym ruchem odwraca cztery pierwsze karty. Rzeczywiście! Walety przeskoczyły ze środka talii na wierzch!

KIESZONKOWIEC

ILUZJA

Magik prosi widza kolejno: o wzięcie jednej karty (bez jej pokazania), zapamiętanie, włożenie z powrotem do talii i potasowanie wszystkich kart. Następnie wkłada całą talię do kieszeni, a po chwili wyciąga z niej kartę widza.

1 Przed wykonaniem sztuczki magik wybiera jedną kartę i wkłada ją do talii jako drugą z góry.

2 Do kieszeni wkłada identyczną kartę (duplikat z innej talii z takim samym grzbietem).

3 Magik rozpoczyna sztuczkę. Talia kart leży grzbietem do góry.

4 Dzieli talię na dwa stosy (lub prosi o to jednego z widzów) i układa je obok siebie. Musi zapamiętać, który stanowił górną część talii!

5 Bierze pierwszą kartę z górnej części talii i odkłada ją na stos leżący obok.

6 Wskazuje kartę, która teraz jest na wierzchu górnej części talii (duplikat ma w kieszeni). Zwraca się do widza o wzięcie tej karty i zapamiętanie.

KIESZONKOWIEC

7 Magik prosi widza o włożenie karty z powrotem i dokładne potasowanie całej talii.

8 Następnie wkłada potasowaną talię do kieszeni, uważając, by ułożyć ją za duplikatem, który się tam znajduje.

9 Porusza dłonią w kieszeni, jakby szukał między kartami. Jest! Ku zaskoczeniu widowni wyciąga z kieszeni kartę widza (duplikat)!

ZAWSZE NA WIERZCHU

ILUZJA

Magik pokazuje widzom pierwszą kartę z talii i wkłada ją w jej środek. Następnie lekko stuka w talię. Czary mary i karta znowu jest na wierzchu!

1 Magik podnosi dwie pierwsze karty z wierzchu talii. Chwyta je za przeciwległe rogi i lekko zagina, tworząc iluzję podnoszenia tylko jednej karty (nazywa się to podwójnym podniesieniem).

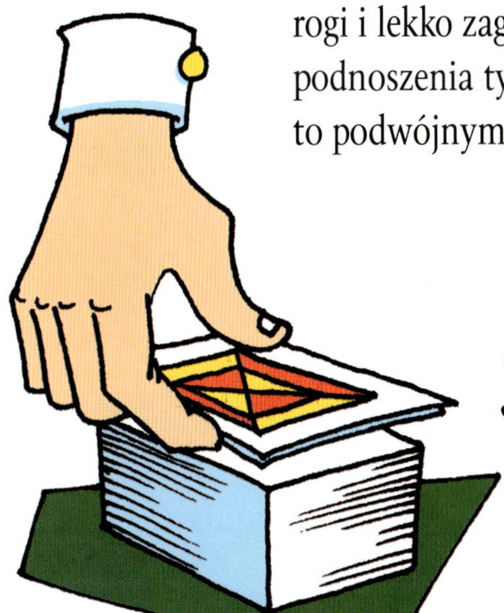

2 Trzymając w ręku dwie karty, pokazuje je widzom jako jedną – tę, która była druga w talii.

3 Następnie z powrotem kładzie obie karty na wierzchu talii.

ZAWSZE NA WIERZCHU

4 Magik bierze wierzchnią kartę i nie pokazując jej, wkłada w środek talii.

5 Teraz na wierzchu znajduje się karta, którą widzieli widzowie.

6 Magik trzy razy magicznie stuka w talię.

7 Odwraca wierzchnią kartę i pokazuje ją widzom. Ojej! To ta sama karta, którą zapamiętali!

NA CZUBKU PALCA

ILUZJA

Magik (w przeciwieństwie do widza) z łatwością utrzymuje na czubku palca płasko leżącą kartę.

1 Przed wykonaniem sztuczki magik smaruje czubek palca wskazującego odrobiną wosku, balsamu do ust lub wazeliny.

2 Zwraca się do widza o wybranie z talii dwóch dowolnych kart.

3 Prosi widza o zatrzymanie jednej karty (widz może zdecydować, którą kartę zatrzyma dla siebie, a którą odda magikowi).

NA CZUBKU PALCA

4 Magik prostuje palec wskazujący, a resztę palców zgina. Prosi, żeby widz zrobił to samo.

5 Kładzie poziomo kartę na czubku palca wskazującego i lekko dociska drugą ręką. Prosi widza, żeby zrobił to samo.

6 Gdy magik puszcza kartę, karta leży poziomo na czubku jego palca.

7 Gdy widz puszcza kartę, karta spada.

WYŁANIAJĄCA SIĘ KARTA

ILUZJA

Widz wybiera jedną kartę, zapamiętuje ją i wkłada w środek talii. Po chwili ze zdziwieniem obserwuje, jak jego karta wyłania się stamtąd.

1a Przed wykonaniem sztuczki magik musi odpowiednio przygotować część kart. Bierze jedną kartę i chwyta dłonią tak, aby kciuk leżał na jej grzbiecie.

1b Obrysowuje swój kciuk na karcie.

1c Nożyczkami wycina w karcie okienko dokładnie po wyrysowanej linii. Takie same okienka wycina w 23 kartach – nazywa się je spreparowanymi.

1d Układa spreparowane karty grzbietem do góry w jeden stos.

WYŁANIAJĄCA SIĘ KARTA

2 Na spreparowanych kartach magik kładzie dwie zwykłe.

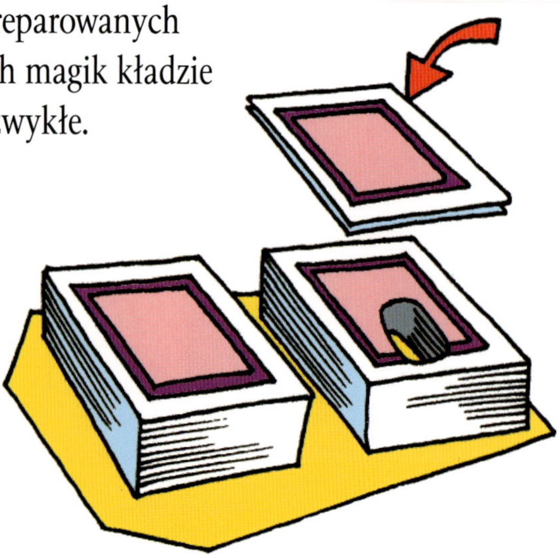

3 Teraz jest gotowy do wykonania sztuczki. Zostawia sobie połowę talii z kartami spreparowanymi, drugą podaje jednemu z widzów i mówi: „To Twoja połowa kart, a to moja”.

4 Zwraca się do widza o wybranie dowolnej karty ze swojej połowy i położenie na wierzchu.

5 Następnie prosi widza o odłożenie kart na miejsce. Kładzie na nich swoją połowę talii.

6 Magik chwyta całą talię i podnosi do góry odkrytą kartą w stronę widzów. Następnie mówi: „Trochę muszę odciążyć tę talię" i odkłada dwie wierzchnie i dwie tylne karty.

7 W trakcie „odciążania talii" ostrożnie wtyka palec wskazujący do środka spreparowanych kart i zaczyna przesuwać w górę kartę wybraną przez widza (pierwsza w stosie kart całych), tak by można ją było zobaczyć.

8 Widzowie nie wiedzą o użyciu spreparowanych kart. Zdziwieni obserwują wyłaniającą się kartę. Czysta magia!

SCHOWANA, ZNALEZIONA

ILUZJA

Widz wybiera kartę, wkłada ją do środka talii. Talię tasuje. Magik bez trudu znajduje właściwą kartę!

1 Magik podaje jednemu z widzów talię kart do sprawdzenia i przetasowania.

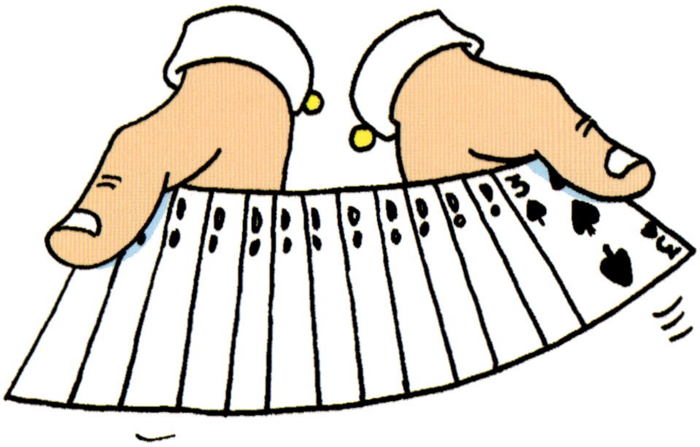

2 Widz oddaje talię, a magik szybko rozkłada ją w wachlarz, żeby pokazać, że karty nie zostały ułożone.

3 Gdy karty są odkryte, magik zerka na nie szybko i zapamiętuje drugą z kolei. Następnie składa talię i kładzie na stole grzbietem do góry.

4 Magik dzieli talię na dwie części – musi pamiętać, która leżała na górze.

5 Następnie bierze wierzchnią kartę z górnej części talii i przekłada ją na stos obok.

6 Wskazuje następną kartę z górnej części talii (to karta, którą zapamiętał) i prosi widza, aby zachował ją w pamięci.

7 Zwraca się do widza o włożenie karty w jakiekolwiek miejsce jednego lub drugiego stosu, a potem dokładne przetasowanie całej talii.

8 Magik przegląda karty i z łatwością znajduje tę zapamiętaną przez widza. Co za czary!

JESZCZE DZIWNIEJSZA SZTUCZKA

ILUZJA

Magik dzieli talię kart na dwie części. Podaje każdą z nich innemu widzowi. Prosi o wybranie po jednej karcie i przełożenie do drugiej części, a potem z łatwością odnajduje obie karty.

1 Przed wykonaniem sztuczki magik przygotowuje talię. W jednej części układa wszystkie karty o wartościach nieparzystych (1, 3, 5, 7 itd.) oraz walety, króle i asy; w drugiej – wszystkie karty o wartościach parzystych (2, 4, 6 itd.) oraz damy. Następnie kładzie obie części obok siebie na stole. Jest gotowy do wykonania sztuczki.

2 Magik wręcza jedną część talii widzowi. Prosi o wybranie dowolnej karty i przełożenie jej do drugiej części talii.

3 Drugą część talii wręcza innemu widzowi. Również prosi o wybranie karty i włożenie jej do pierwszej części talii.

4 Następnie zwraca się do widzów o przetasowanie kart (każdy musi tasować swoją część!).

5 Po przetasowaniu bierze karty od jednego widza i uważnie im się przegląda. Musi tylko odnaleźć parzystą kartę wśród nieparzystych. Potem to samo robi z kartami drugiego widza. W tym przypadku musi odnaleźć kartę nieparzystą (między parzystymi).

6 Teatralnym gestem magik pokazuje odszukane karty widzom. Jak to jest możliwe?!

W LINII

ILUZJA

Ta sztuczka oparta jest na obliczeniach matematycznych. Magik układa przed widzami 21 odkrytych kart. Prosi jednego z widzów o zapamiętanie dowolnej z nich i z łatwością odgaduje, która to była.

1 Magik oddaje 21 kart jednemu z widzów do przeglądnięcia i potasowania. Potem zabiera je z powrotem.

2 Trzyma karty w jednej ręce, a drugą rozkłada je po kolei na stole. Pierwsze trzy karty układa w rzędzie od lewej do prawej, na nich kładzie kolejne, aż ułoży trzy kolumny po siedem kart. Karty powinny być odkryte i zachodzić na siebie.

3 Magik zwraca się do widza o przyjrzenie się kartom i zapamiętanie jednej z nich. Następnie prosi o wskazanie kolumny, w której znajduje się jego karta. Widz powinien wskazać tylko kolumnę, a nie samą kartę!

4a Magik zbiera karty ze wszystkich trzech kolumn, tak żeby nie zmieniły kolejności, a kolumna z kartą widza znalazła się pomiędzy dwiema pozostałymi.

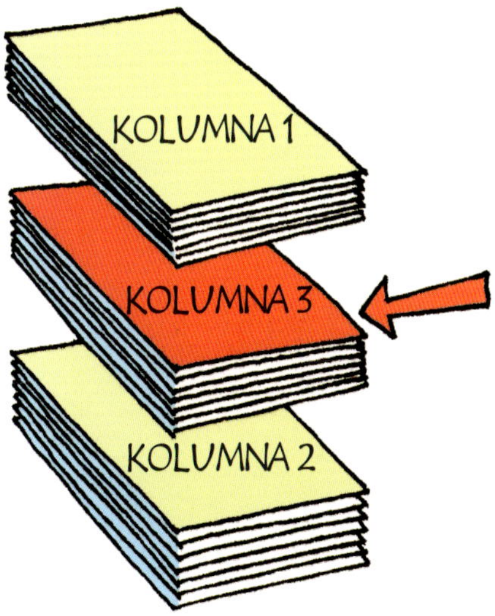

4b Następnie rozkłada karty jak poprzednio i ponownie prosi widza o wskazanie kolumny, w której teraz się znajduje wybrana karta. Znów składa kolumny w jeden stos, pilnując, żeby karty nie zmieniły kolejności, a kolumna z kartą widza znalazła się pośrodku. Krok ten powtarza jeszcze dwukrotnie, co oznacza, że w sumie rozkłada karty cztery razy.

5 Kiedy magik rozłoży karty ostatni razy (czyli czwarty), nie prosi już widza o wskazanie właściwej kolumny. Sam mówi, że karta widza znajduje się w kolumnie środkowej. Następnie wskazuje czwartą kartę w tej kolumnie. To ta!

6 Inne zakończenie sztuczki: po trzykrotnym zebraniu kart magik mówi widzowi, że jego karta będzie jedenasta, licząc od góry. Czysta magia! To właśnie ta karta!

SZTUCZKI Z MONETAMI

ZNIKAJĄCA MONETA

ILUZJA

Magik przekłada monetę z jednej ręki do drugiej, a moneta znika.

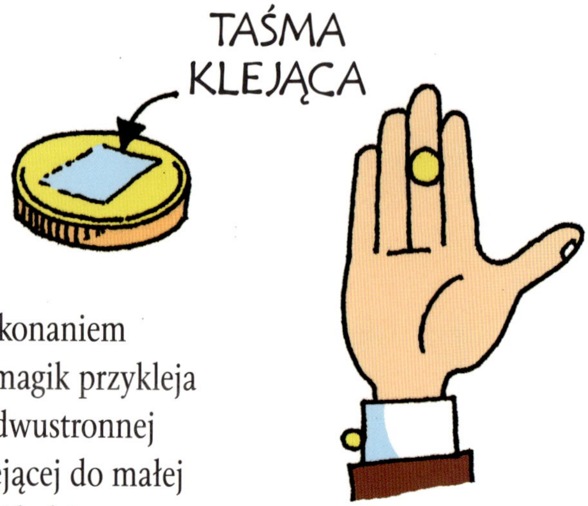

1 Przed wykonaniem sztuczki magik przykleja kawałek dwustronnej taśmy klejącej do małej monety. Kładzie monetę na środku palca środkowego. Taśma przytrzymuje monetę na palcu.

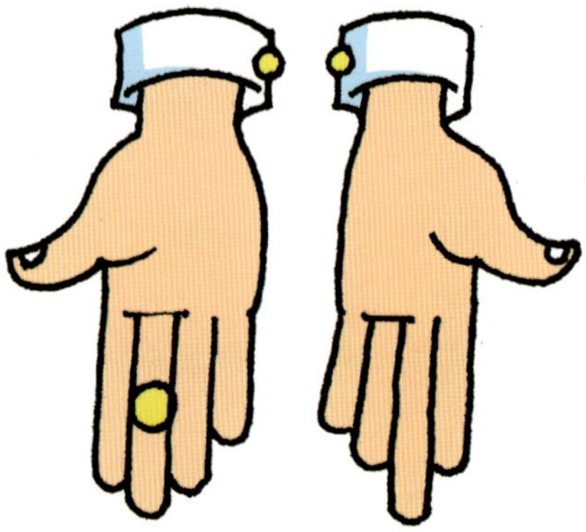

2 Rozpoczynając sztuczkę, magik ma złączone palce i dłonie skierowane wnętrzem do góry.

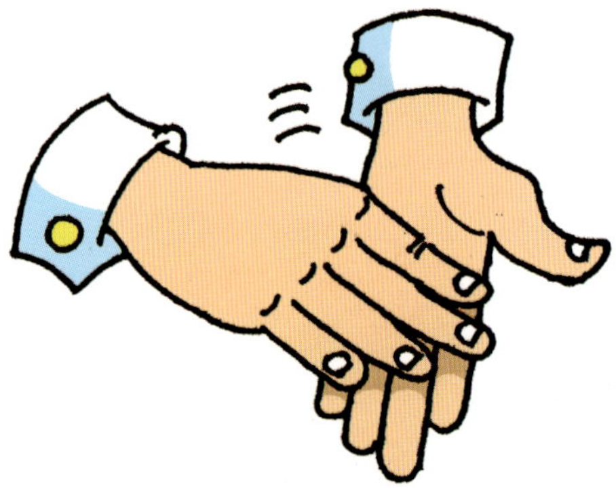

3 Teraz udaje, że przekłada monetę, trzymając dłoń z przyklejoną monetą nad pustą dłonią. Przez cały czas dłoń z monetą musi być odwrócona w dół, aby nie było widać, że moneta jest przyklejona do palca.

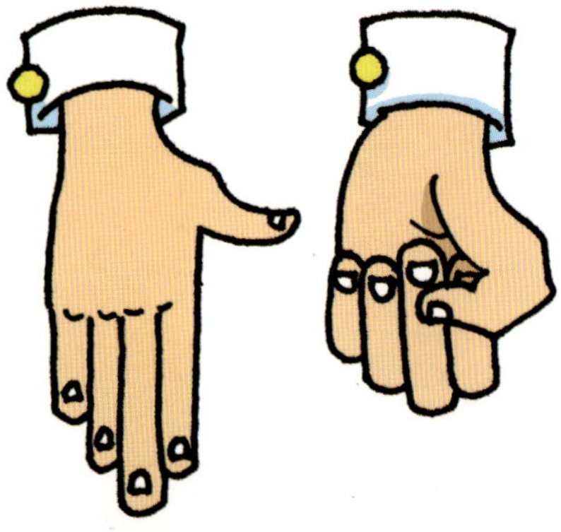

4 Następnie zamyka pustą dłoń, udając, że trzyma w niej monetę.

5 Magik wkłada dłoń z przyklejoną monetą do kieszeni i mówi, że szuka w niej „magicznego pyłu”. W tym momencie odkleja monetę od palca.

6 Wyciąga dłoń z kieszeni i teatralnym gestem obsypuje niewidzialnym magicznym pyłem drugą dłoń, która nadal jest zamknięta, jakby była w niej moneta.

7 Magik otwiera zamkniętą dłoń i – czary mary – moneta zniknęła!

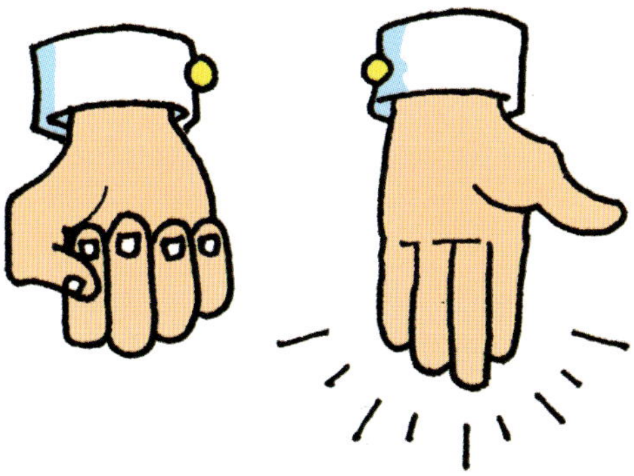

8 Otwiera również drugą dłoń, aby pokazać, że też jest pusta.

MAGICZNA MONETA

ILUZJA

Magik chowa monetę pod chustką i sprawia, że znika. Po chwili moneta znowu pojawia się pod chustką.

1 Magik trzyma monetę w ręce i przykrywa ją chustką. Pozwala kilku widzom podejść i sprawdzić, czy moneta tam naprawdę jest – mogą jej dotknąć przez chustkę lub pod nią, od góry lub od dołu.

2 Zaprasza dowolną liczbę widzów do inspekcji. Ostatni z widzów, który sprawdza monetę, jest pomocnikiem magika. Dotyka monety pod chustką, ale potem zabiera ją niezauważenie i chowa w ręku.

3 Magik teatralnym gestem zrywa chustkę z dłoni i pokazuje, że dłoń jest pusta. Trzyma ją wysoko, aby wszyscy mogli to zobaczyć, po czym pozwala widzom na sprawdzenie chustki.

4 Następnie ponownie przykrywa pustą dłoń chustką i zaprasza tych samych widzów do sprawdzenia, że monety naprawdę nie ma.

5 Przychodzi kolej na ostatniego widza (pomocnika magika). Ten pod chustką podaje dyskretnie monetę magikowi.

6 Magik ponownie ściąga chustkę z dłoni i pokazuje widzom, że moneta w tajemniczy sposób wróciła.

WYPADAJĄCA MONETA

ILUZJA

Magik sprawia, że zaznaczona moneta wypada z pustej chustki.

1 Przed rozpoczęciem sztuczki magik wszywa monetę w róg swojej chustki. Jest to tak zwana „magiczna chustka”.

2 Magik prosi jednego z widzów o napisanie jego inicjałów na monecie. Zaznaczona moneta musi być taka sama jak ta wszyta w chustkę!

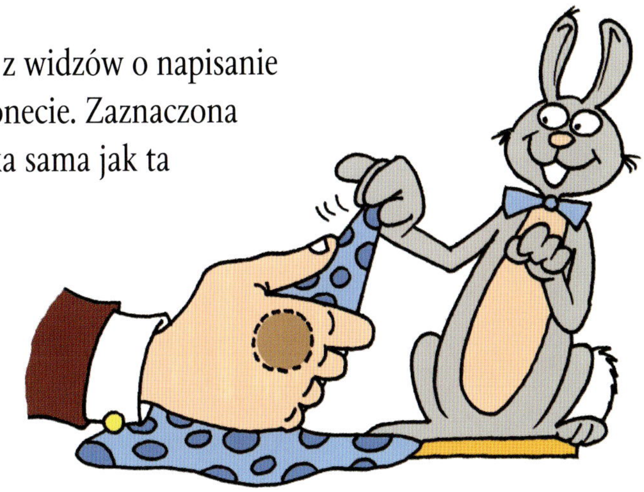

3 Teraz tą samą ręką podnosi zaznaczoną monetę i magiczną chustkę. Chustkę chwyta za róg, w który jest wszyta moneta.

4 Przeciąga róg chustki i jednocześnie przesuwa zaznaczoną monetę do wnętrza dłoni. Podnosi róg chustki z wszytą monetą i podsuwa widzowi, który sprawdza, czy moneta rzeczywiście znajduje się pod chustką. Widz nie wie, że to nie jest moneta zaznaczona przez niego, tylko wszyta wcześniej.

WYPADAJĄCA MONETA

5 Magik odkłada magiczną chustkę i podnosi drugą, najlepiej w innym kolorze. Wkłada pod nią dłoń, w której cały czas trzyma zaznaczoną monetę. Chwyta monetę od góry przez chustkę.

6 Wolną teraz drugą ręką ponownie podnosi magiczną chustkę, chwytając za róg z wszytą monetą.

7 Strzepuje magiczną chustkę, żeby pokazać, że jest pusta. Potem strzepuje drugą, z której wypada moneta zaznaczona przez widza.

MONETA Z BANKNOTU

ILUZJA

Magik potrafi wyczarować monetę ze złożonego kilkakrotnie banknotu.

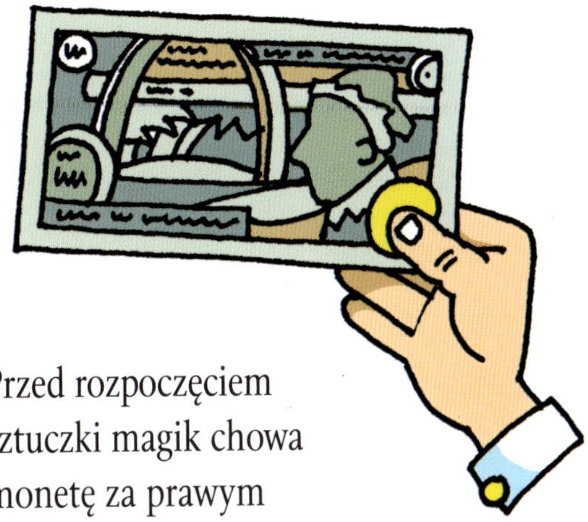

1 Przed rozpoczęciem sztuczki magik chowa monetę za prawym dolnym rogiem banknotu trzymanego w prawej dłoni. Monetę przyciska kciukiem, a pozostałe cztery palce układa na zewnętrznej stronie banknotu.

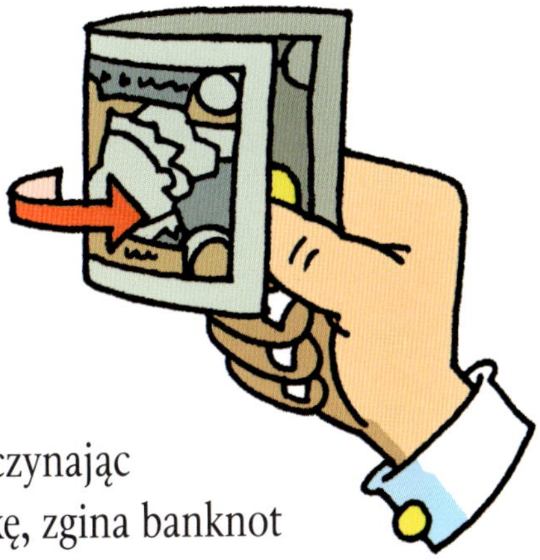

2 Rozpoczynając sztuczkę, zgina banknot w połowie długości.

3 Następnie ponownie zgina banknot wpół, pilnując, by moneta była dobrze ukryta.

MONETA Z BANKNOTU

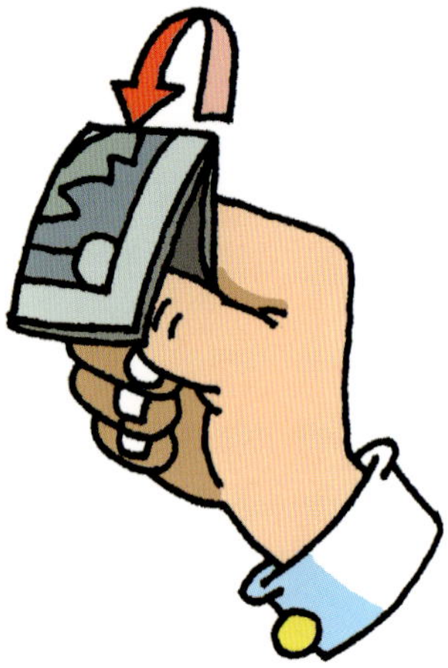

4 Magik zgina banknot po raz trzeci, tym razem z góry na dół w kierunku do siebie. Moneta pozostaje ukryta.

5 Teraz wyciąga lewą dłoń i podkłada pod prawą, w której jest banknot. Wyrzuca na nią monetę ze złożonego banknotu.

POTRZYJ DŁONIE

ILUZJA

Magik pokazuje obie ręce. Są zupełnie puste. Następnie pociera dłonie i… wyczarowuje monetę.

1 Do tej sztuczki magik zakłada koszulę lub marynarkę z długimi rękawami. Przed rozpoczęciem pokazu wkłada monetę w tajemną kieszonkę marynarki nad lewym łokciem.

2 Rozpoczyna sztuczkę z obiema rękami lekko zagiętymi i uniesionymi do wysokości łokcia.

3 Otwiera prawą dłoń, aby pokazać widzom, że jest pusta.

POTRZYJ DŁONIE

4 Magik prawą ręką lekko pociąga za lewy rękaw marynarki i mówi: „Nie ukrywam niczego w rękawie". W tym samym momencie wyciąga monetę z tajemnej kieszonki i chowa w prawej dłoni.

5 Teraz otwiera lewą dłoń, żeby pokazać widowni, że również jest pusta.

6 Lewą ręką pociąga lekko za prawy rękaw i stwierdza głośno, że tam również niczego nie ukrywa.

7 Następnie magicznymi ruchami pociera dłoń o dłoń.

8 Otwiera dłonie. To nadzwyczajne! Pojawiła się w nich moneta!

JEDEN GROSZ, PIĘĆ GROSZY

ILUZJA

Widz chowa w rękach dwie monety o różnych nominałach. Ręce trzyma za plecami. Magik nie może wiedzieć, która moneta jest gdzie, a jednak od razu to odgaduje!

1 Magik daje widzowi monetę jednogroszową i pięciogroszową.

2 Prosi widza o schowanie rąk za plecami i ukrycie po jednej monecie w każdej dłoni.

3 W końcu zwraca się do widza o wyciągnięcie zamkniętych dłoni z monetami przed siebie.

JEDEN GROSZ, PIĘĆ GROSZY

4 Magik wskazuje jedną dłoń widza i prosi go o pomnożenie wartości ukrytej monety przez 16. Widz ma dać znać magikowi natychmiast, gdy obliczy wynik, ale go nie podawać.

5 Następnie magik wskazuje drugą dłoń widza i prosi go o powtórzenie obliczeń.

16×1=16

16×5=??!!!?80

6 Ponieważ łatwiej obliczyć, ile jest 16×1 niż 16×5, dłoń z jednym groszem to ta, dla której widz szybciej zrobił obliczenia.

7 Teraz magik odgaduje, w której ręce widz trzyma monetę jedno-, a w której pięciogroszową. Pełne zaskoczenie! Trafił bez pudła!

ZAZNACZONA MONETA

ILUZJA

Magik ma sześć identycznych monet. Kiedy wychodzi z pokoju, widz zaznacza jedną z nich i wkłada wraz z pozostałymi do kapelusza. Magik wraca do pokoju i bez zaglądania w kapelusz wyciąga zaznaczoną monetę.

1 Magik pokazuje widzom sześć monet, marker i kapelusz.

2 Wyjaśnia, że wyjdzie teraz z pokoju i prosi, żeby jeden z widzów zaznaczył w tym czasie wybraną monetę.

3 Kiedy widz zaznaczy monetę, ma przytrzymać ją jeszcze przez chwilę w zaciśniętej pięści i skoncentrować się na niej, przykładając ją do czoła. Następnie powinna to zrobić reszta widzów.

4 Kiedy już wszyscy wykonają zadanie, zaznaczona moneta razem z pozostałymi trafia do kapelusza.

ZAZNACZONA MONETA

5 Magik wraca do pokoju. Wkłada rękę do kapelusza i nie patrząc, dotyka wszystkich monet.

6 Brawo! Bezbłędnie wyciąga zaznaczoną monetę. To ta, która jest cieplejsza od innych, bo przeszła przez ręce wszystkich widzów.

MONETA SIĘ POCI

ILUZJA

Widzowie przekazują sobie monetę, aby ją obejrzeć. Kiedy wraca do magika, zaczyna się pocić.

1 Magik prosi widzów o dokładne obejrzenie monety (najlepiej, żeby była duża).

2 W dłoni trzyma ukrytą przed widzami zgniecioną chusteczkę nasiąkniętą wodą.

3 Odbiera monetę od widzów tą samą dłonią, w której ma chusteczkę.

4 Mówi: „Ścisnę tę monetę tak, by się spociła".

5 Magik zaczyna ściskać monetę, a jednocześnie – schowaną za nią chusteczkę. Woda kapiąca z chusteczki wygląda jak pot kapiący z monety. Zadziwiające!

ŁAPANIE MONET

ILUZJA

Magik pokazuje widzom, jak efektownie łapać monety. To prostsze niż mogłoby się wydawać!

1 Sztuczka wymaga wprawy. Zacznij od zgięcia prawej ręki w łokciu (lub lewej, jeśli jesteś leworęczny), tak żeby dłoń zwrócona była do przodu, a jej grzbiet dotykał ramienia. Łokieć powinien być także zwrócony do przodu. Nie musisz trzymać ręki idealnie prosto, ale staraj się unieść ją najwyżej, jak potrafisz.

2 Drugą ręką ułóż na łokciu stosik monet.

3 A teraz szybko machnij ręką w dół i złap dłonią spadające monety.

4 Zacznij od łapania jednej monety. Jeśli uda Ci się kilka razy pod rząd, dokładaj kolejne i ćwicz dalej. Możesz użyć tyle monet, ile tylko uda Ci się złapać.

5 Gdy nabierzesz wprawy, będziesz mógł łapać całe stosy monet spadających z obu łokci!

CZAS NA SHOW!

LEWITACJA

ILUZJA

Magik lewituje.
Jego stopy odrywają się
od podłogi!

1 Przed pokazem magik przygotowuje dwa małe silne magnesy. Przykleja je taśmą klejącą do wewnętrznych ścianek butów, tak by się wzajemnie przyciągały. Teraz, kiedy magik złączy stopy, buty także się złączą (chwycone w dowolnym miejscu powinny dać się podnieść razem). Muszą być wystarczająco duże, żeby można je było dość łatwo zsuwać i wsuwać, ale nie mogą spadać.

2 Do wykonania sztuczki magik potrzebuje dużego ręcznika, który już na początku rozwija i trzyma na wysokości pasa, aby zakryć całe nogi. Spod ręcznika wystają tylko czubki butów złączonych magnesami.

3 Magik ostrożnie wyciąga jedną stopę z buta i stawia ją z tyłu. Ręcznik zakryje to przed widzami.

MAGICZNA WSKAZÓWKA!
PRZEĆWICZ TĘ SZTUCZKĘ PRZED WYSOKIM LUSTREM.

4 Teraz powoli podnosi stopę w bucie połączonym magnesem z drugim butem. Sprawia to wrażenie, że od podłogi oderwały się obie stopy. (Magik nie może podnieść stopy w bucie zbyt wysoko, bo odsłoni stopę bez buta!). Ręcznik powinien opierać się cały czas na butach magika.

LEWITACJA

5 Magik powoli przesuwa stopę w bucie w górę i w dół oraz na boki, aby stworzyć iluzję lewitacji.

6 Po chwili stawia stopę w bucie na podłodze i ostrożnie wsuwa drugą stopę do pustego buta.

7 Na koniec odsłania ręcznik i przechadza się przed widzami, aby pokazać im, że znowu stoi mocno na ziemi.

PACH!

ILUZJA

Magik nakłuwa balonik szpilką, ale on nie pęka – aż magik zechce, by pękł!

1 Przed pokazem magik nadmuchuje balonik i zawiązuje. Przykleja do niego mały kawałek przezroczystej taśmy klejącej.

2 Rozpoczyna sztuczkę od zaprezentowania balonika widzom – musi uważać, żeby nie odsłonić części z naklejoną taśmą.

3 W jednej ręce magik trzyma nadmuchany balonik, a drugą podnosi długą, cienką szpilkę. Prezentuje ją widzom, delikatnie machając nią do przodu i do tyłu.

PACH!

4 Magik bardzo powoli zaczyna nakłuwać balonik przez taśmę. Udaje zaskoczonego, że balonik nie pęka. (Taśma chroni balonik przed szybkim pęknięciem).

5 Magik wyciąga szpilkę z balonika i podrzuca go do góry. Kiedy balonik opada w dół, magik przekłuwa go szpilką (w innym miejscu niż to wzmocnione taśmą).

UNOSZĄCY SIĘ PIERŚCIONEK

ILUZJA

Magik trzyma długopis pionowo i nakłada na niego pierścionek jednego z widzów. Gestem ręki sprawia, że pierścionek unosi się po długopisie.

MAGICZNA WSKAZÓWKA!

ZANIM WYKONASZ TĘ SZTUCZKĘ PRZED WIDZAMI, PRZEĆWICZ JĄ, UŻYWAJĄC NITEK RÓŻNEJ DŁUGOŚCI.

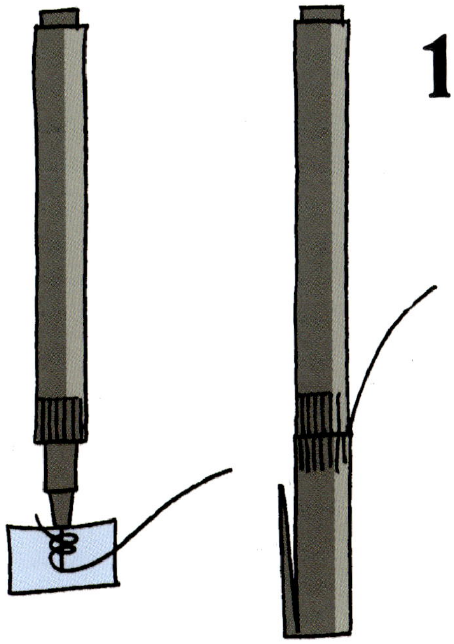

1 Przed wykonaniem sztuczki magik przygotowuje długopis. Owija jego końcówkę kawałkiem czarnej nitki i mocuje ją za pomocą taśmy klejącej. Teraz nakłada zatyczkę długopisu, tak aby nitka z niej wystawała.

2 Owija drugi koniec nitki wokół guzika swej koszuli. (Najlepsza do tej sztuczki będzie czarna koszula z kieszonką na piersi). Wkłada długopis do kieszonki.

UNOSZĄCY SIĘ PIERŚCIONEK

3 Rozpoczynając sztuczkę, magik prosi jednego z widzów o pożyczenie mu pierścionka. Następnie wyciąga długopis z kieszonki i trzyma przed sobą. Powinien uchwycić go za dolną część, zatyczką do góry. Na długopis nakłada pierścionek, tak by oparł się o palce.

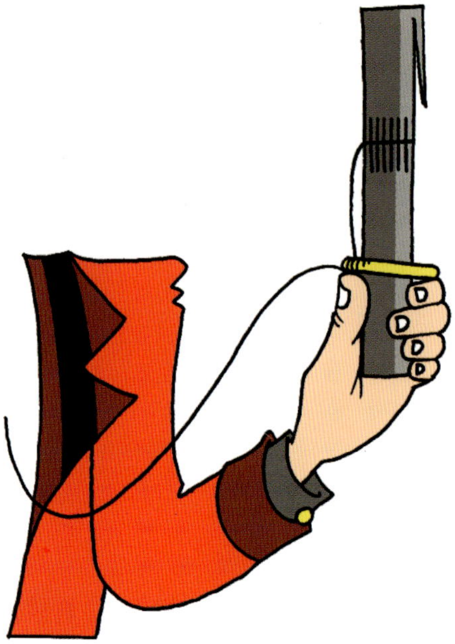

4 Powoli przesuwa długopis w stronę widowni (czyli od siebie). Wolną ręką macha nad nim, wypowiadając magiczne zaklęcia. Gdy nitka się napina, pierścionek wędruje w górę.

5 Gdy pierścionek jest już blisko czubka długopisu, magik ściąga go, a długopis chowa do kieszonki. Pierścionek oddaje widzowi.

DŁUGOPIS W BUTELCE

ILUZJA

Magik wkłada długopis do pustej butelki i sprawia, że unosi się on i chce z niej wyjść.

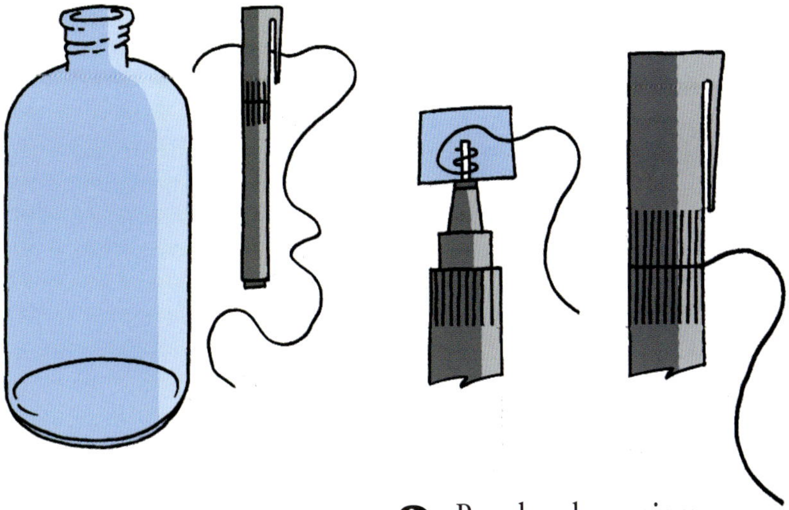

1 Do tej sztuczki magik potrzebuje dużej pustej plastikowej butelki, długopisu z zatyczką i czarnej nitki. (Powinien podobnie jak poprzednio ubrać się w czarną koszulę z kieszonką).

2 Przed wykonaniem sztuczki magik owija kawałek nitki wokół końcówki długopisu i przymocowuje taśmą klejącą. Nakłada zatyczkę.

3 Owija drugi koniec nitki wokół guzika koszuli i wkłada długopis do kieszonki.

4 Rozpoczyna sztuczkę. Wyciąga długopis z kieszonki, chwytając go u dołu, i trzyma przed sobą.

DŁUGOPIS W BUTELCE

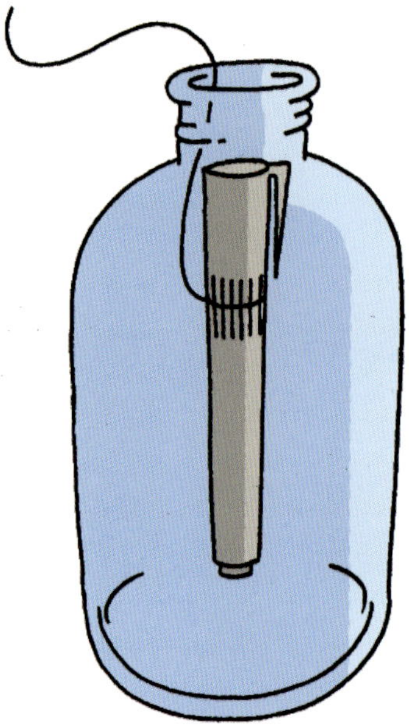

5 Magik wrzuca długopis (zatyczką do góry) do butelki, którą trzyma blisko tułowia. Nitka powinna być luźna.

6 Powoli odsuwa butelkę od siebie i napina nitkę. Powinien intensywnie wpatrywać się w długopis, by wywołać wrażenie, że bardzo mocno koncentruje się na nim i siłą woli unosi go w górę.

7 Długopis przesuwa się w kierunku szyjki butelki, a kiedy zaczyna wychodzić poza nią, magik chwyta go i chowa z powrotem do kieszonki.

SZYBKIE ZNALEZISKO

ILUZJA

Widz wybiera kartę i wkłada ją w środek talii. Magik szybko ją znajduje.

1 Magik kładzie na stole talię kart grzbietem do góry. Przed tym jednak musi zapamiętać ostatnią kartę z dołu talii.

2 Następnie zwraca się do jednego z widzów o podniesienie dowolnej liczby kart i wybranie albo ostatniej karty z części, którą trzyma w ręce, albo wierzchniej karty z części leżącej na stole.

3 Teraz prosi widza o zatrzymanie wybranej karty i złożenie pozostałych kart ponownie razem.

SZYBKIE ZNALEZISKO

4 Magik zwraca się do widza o zapamiętanie wybranej karty i położenie jej na wierzchu talii grzbietem w dół.

5 Prosi widza o podzielenie talii na dwie części i ułożenie ich obok siebie. Następnie kładzie dolną część talii na górnej i wyrównuje wszystkie karty.

6 W końcu podnosi talię i odkrywając kolejno karty od góry, szuka tej, którą zapamiętał. Gdy ją znajduje, bierze następną z talii i pokazuje ją widzowi. Oto jego karta!

OCH!

ILUZJA

Karta wybrana przez widza odnajduje się pod plastrem na ręce magika.

1 Przed wykonaniem sztuczki magik przygotowuje dwie identyczne karty. Jedną z nich kładzie jako drugą w kolejności na wierzchu talii.

2 Duplikat składa dwukrotnie wpół.

3 Umieszcza kartę pod dużym plastrem, który przykleja sobie na ręce. Plaster powinien być zakryty rękawem.

4 Magik rozpoczyna sztuczkę od podzielenia talii na dwa stosy i przełożenia wierzchniej karty z górnej części talii na wierzch drugiego stosu.

5 Magik wskazuje pierwszą teraz kartę z górnej części talii i zwraca się do widza, aby ją wziął i zapamiętał.

6 Składa karty razem. Prosi widza o włożenie wybranej karty w środek talii oraz przetasowanie wszystkich kart.

7 Magik bierze w rękę całą talię i pociera nią miejsce, gdzie przykleił plaster. Odkłada karty na bok.

8 Podwija rękaw i demonstruje widowni opatrunek.

9 Ściągając powoli plaster, krzyczy „Och!" i pokazuje widowni, co jest pod nim. To karta widza. Trochę zmięta, ale jest (tak naprawdę, to duplikat)!

SPADAJĄCA MONETA

ILUZJA

Moneta przez czapkę wpada do szklanki.

1 Przed wykonaniem sztuczki magik ustawia na stole szklankę. Na niej umieszcza otworem do góry czapkę z daszkiem. Następnie między krawędzią szklanki a czapką umieszcza monetę tak, by czapka ją przytrzymywała. (To nie może być widoczne dla widzów).

2 Do wykonania sztuczki magik potrzebuje kilku takich samych monet. Wyjaśnia widowni, że będzie wrzucał monety do czapki tak długo, aż jedna z nich przejdzie przez czapkę i wpadnie do szklanki. Następnie po kolei wrzuca monety do czapki.

3 Magik jedną ręką wrzuca monety, a drugą trzyma daszek czapki. W pewnym momencie odrobinę go przesuwa, aby ukryta moneta mogła wpaść do szklanki (jednocześnie z monetą wrzucaną do czapki). Jeśli magik dobrze skoordynuje ruchy, moneta spadająca z krawędzi szklanki będzie sprawiać wrażenie, że rzeczywiście przeszła przez czapkę.

4 Magik wyciąga monety z czapki i podaje wszystkie rekwizyty widzom do sprawdzenia.

SZYBKIE ZNIKNIĘCIE

ILUZJA

Magik liczy
do trzech
i moneta znika.

1 Magik wyciąga przed siebie rękę wewnętrzną stroną do góry. W palcach drugiej ręki trzyma monetę, którą pokazuje widowni.

2 Powoli unosi rękę z monetą ponad głowę, lekko muskając nią włosy. Następnie szybko przenosi rękę nad otwartą dłoń. Pokazuje monetę widowni i powtarza tę czynność raz jeszcze.

3 Za trzecim razem, gdy podnosi rękę do głowy, pozostawia monetę we włosach.

4 Szybko opuszcza rękę do otwartej dłoni (tym razem już bez monety) i pociera ręce o siebie. Następnie pokazuje widowni puste dłonie – moneta naprawdę zniknęła.

5 Magik może zaprezentować tę sztuczkę również w kapeluszu na głowie i ukryć monetę na jego rondzie. Musi jednak uważać, żeby nie przechylić głowy aż do zejścia ze sceny. (Monetę może zabrać dopiero za kulisami!).

TRACH!

ILUZJA

Magik umieszcza wykałaczkę pod chusteczką i łamie ją wpół. Potem ściąga chusteczkę. Wykałaczka znowu jest cała.

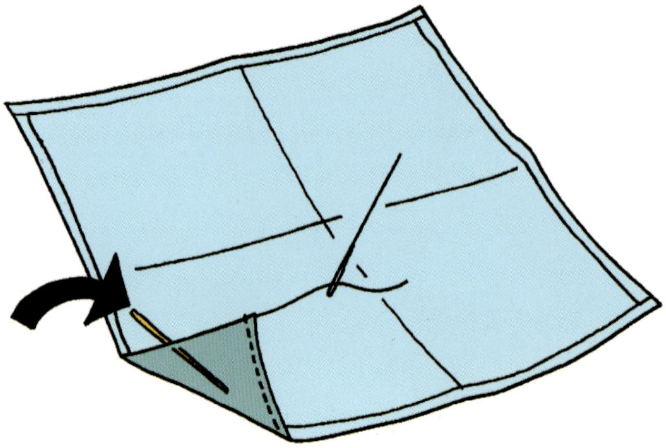

1 Przed wykonaniem sztuczki magik przygotowuje chusteczkę. Zagina jeden z rogów i zaszywa go, tworząc maleńką kieszonkę. Wsuwa do niej wykałaczkę.

2 Na początku pokazu magik prezentuje widowni drugą wykałaczkę i bierze do ręki przygotowaną chusteczkę.

3 Następnie zakrywa prezentowaną widzom wykałaczkę chusteczką. Jednocześnie ostrożnie chwyta za ukrytą wykałaczkę. Przesuwa wraz z nią róg chusteczki w stronę środka, dbając, by widzowie tego nie zauważyli.

4 Magik w jednej ręce trzyma wszytą wykałaczkę i chusteczkę, w drugiej zaś wykałaczkę prezentowaną wcześniej widzom.

5 W pewnym momencie łamie wykałaczkę z rogu chusteczki.

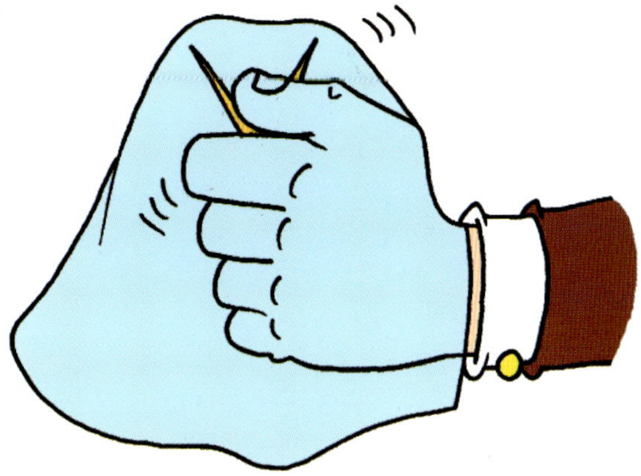

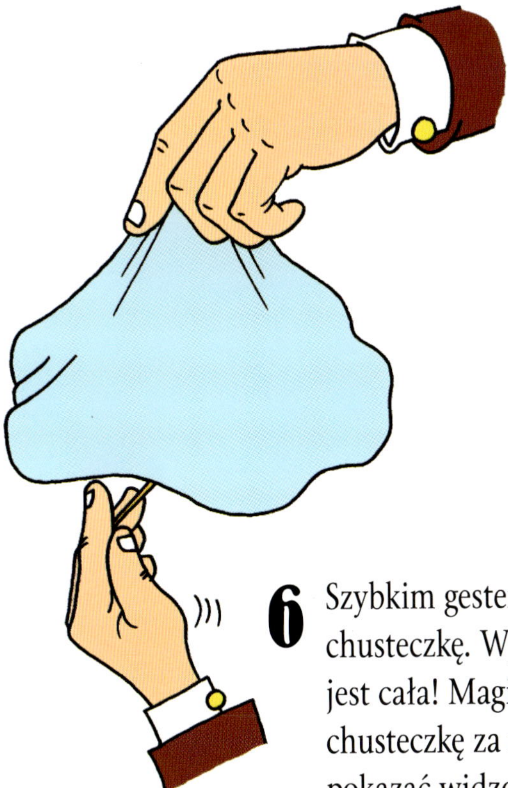

6 Szybkim gestem ściąga chusteczkę. Wykałaczka jest cała! Magik podnosi chusteczkę za róg, aby pokazać widzom, że nie ma w niej innej wykałaczki. A złamana wykałaczka pozostaje tam, gdzie była!

UWOLNIONY!

ILUZJA

Magik przywiązany linami do kija z łatwością się uwalnia.

1 Magik trzyma ręce wyciągnięte w bok. Na jego ramionach zostaje położony drewniany kij (na przykład od szczotki).

2 Magik prosi dwoje widzów o przywiązanie jego nadgarstków do kija za pomocą dwóch kawałków liny (może to być sznur do wieszania prania).

3 Kiedy nadgarstki zostaną przywiązane do kija, magik zwraca się do widzów o podniesienie zasłony i zakrycie go do wysokości oczu. Pomagający mu widzowie powinni stać przodem do widowni.

4 Magik uwalnia się, łapiąc kij dłońmi i przepychając go obiema rękami w jednym kierunku.

5 Gdy kij przesunie się nieco, magik chwyta go jedną ręką i wyciąga.

UWOLNIONY!

6 Po oswobodzeniu jednej ręki magik wyciąga kij z więzów po drugiej stronie.

MAGICZNA WSKAZÓWKA!

KIJ MUSI BYĆ NA TYLE DŁUGI, ŻEBY MAGIK MÓGŁ CAŁKOWICIE WYPROSTOWAĆ RAMIONA. JEGO RĘCE NIE MOGĄ WYSTAWAĆ POZA KOŃCE KIJA.

7 Gdy się uwolni, krzyczy „Kurtyna w dół!”, odrzuca kij i ukazuje się widowni z linami na nadgarstkach. Po dokładnym przećwiczeniu tę sztuczkę można wykonać bardzo szybko.

ŚCIĄGNIĘTA KOSZULA

ILUZJA

Magik w mgnieniu oka ściąga koszulę z widza. I to – spod marynarki.

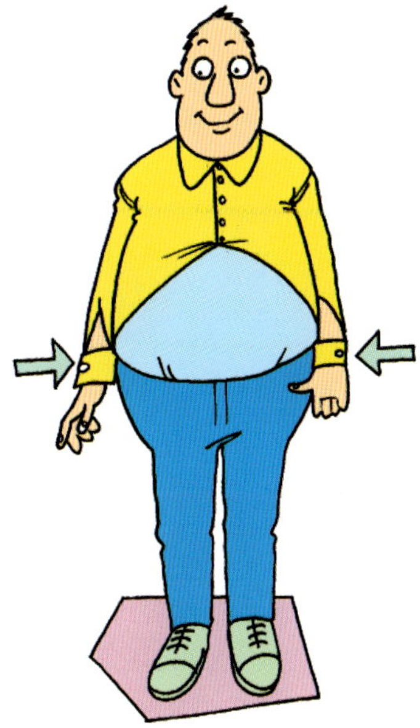

1 W tej sztuczce bierze udział pomocnik odgrywający rolę widza, ubrany w specjalnie przygotowaną koszulę. Koszula musi mieć długie rękawy, ale zakłada się ją jak pelerynę.

2 Zapięty jest tylko kołnierzyk oraz trzy lub cztery górne guziki. Widz nie wkłada rąk do rękawów, zapina jedynie mankiety wokół nadgarstków.

3 Następnie zakłada na koszulę marynarkę. Koszula musi być ułożona pod marynarką tak, żeby wyglądała normalnie. Marynarka powinna być zapięta na wszystkie guziki, by było widać spod niej tylko górną część koszuli.

4 Czas na magię! Magik zaprasza widza na scenę i uprzedza, że za chwilę zrobi coś zaskakującego.

ŚCIĄGNIĘTA KOSZULA

5 Magik odpina pierwsze trzy lub cztery guziki koszuli widza.

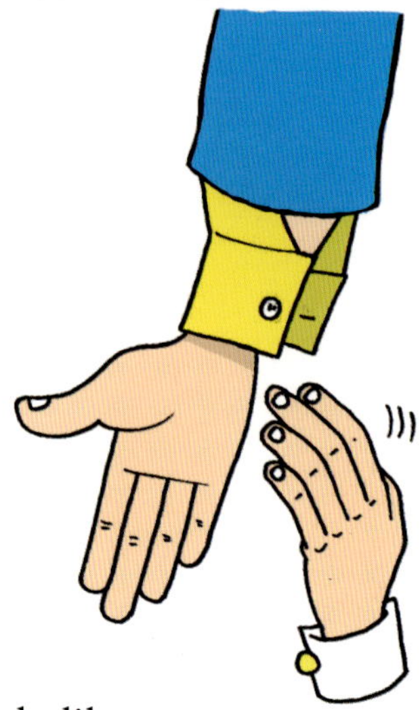

6 Pociąga lekko rękawy koszuli i rozpina mankiety.

7 Prosi, by widz pochylił głowę lekko w jego stronę, tak jakby się kłaniał.

8 Chwyta koszulę widza z tyłu za kołnierzyk. Szybkim ruchem wyciąga spod marynarki, która pozostaje zapięta.

9 Widz udaje zaskoczonego, a widownia jest zaskoczona naprawdę!

MAGIA UMYSŁU

OKO UMYSŁU

ILUZJA

Magik potrafi zgadnąć, jaką kartę wyciągnie z talii przetasowanej i schowanej do pudełka.

1 Przed wykonaniem sztuczki magik wycina małe okienko w prawym dolnym rogu tylnej ścianki pudełka do kart. Okienko powinno być takiej wielkości, żeby widać było przez nie kolor i wartość karty.

2 Magik pokazuje widowni wszystkie boki pudełka. Wycięte okienko starannie zakrywa kciukiem.

3 Wyjmuje karty z pudełka i prosi widza o ich przetasowanie.

4 Magik wkłada karty z powrotem do pudełka tak, aby w wyciętym okienku było widać kolor.

5 Podnosi pudełko na wysokość oczu, by upewnić się, że okienko jest ustawione w jego stronę. Lekko przechyla pudełko i przez okienko podgląda widoczną kartę. (Musi to zrobić szybko, jednym rzutem oka, bo zepsuje sztuczkę!).

6 Zamyka oczy i się koncentruje. Mówi widowni, że sprawdzi teraz okiem swego umysłu, jaka karta jest na spodzie. Podaje kolor i wartość karty.

7 Następnie otwiera pudełko, wyjmuje pierwszą kartę od spodu i pokazuje ją widowni. Teraz kolejna karta będzie widoczna przez okienko w pudełku. Magik może wyciągnąć po kolei kilka kart, ale nie więcej, by nie wzbudzić podejrzeń widzów.

PRZEWIDYWANIE WYBORU

ILUZJA

Magik prosi trójkę widzów o wybranie po jednej karcie z zakrytej talii. Okazuje się, że potrafi przewidzieć, jakie karty wybiorą widzowie.

1 Magik rozkłada przed widzami zakryty wachlarz kart. Wcześniej zobaczył i zapamiętał ostatnią kartę.

2a Mówi do pierwszego widza: „Przewiduję, że wybierzesz...” i opisuje ostatnią kartę z talii (tę, którą zapamiętał). Następnie prosi widza o wskazanie karty.

2b Podnosi kartę wybraną przez widza, patrzy na nią i mówi: „Bardzo dobrze”.

2c Magik nie pokazuje karty widzowi, tylko odkłada zakrytą na bok.

3a Mówi teraz do drugiego widza: „Przewiduję, że wybierzesz...” i opisuje kartę wybraną przez pierwszego widza. Następnie prosi o wskazanie karty.

3b Podnosi kartę, sprawdza jej wartość i mówi: „Wspaniale”.

3c Nie pokazując widzowi, kładzie zakrytą kartę na pierwszej.

PRZEWIDYWANIE WYBORU

4 Magik mówi do trzeciego widza: „Przewiduję, że wybierzesz...” i podaje wartość oraz kolor karty wybranej przez drugiego widza. Następnie prosi o wskazanie karty. Podnosi ją, ogląda, mówi: „Jesteście świetni w wybieraniu!” i dokłada kartę do pozostałych.

5 Teraz zapowiada, że sam wybierze kartę. Podaje wartość karty wybranej przez trzeciego widza, chwyta ostatnią kartę z talii (tę, którą zapamiętał) i dokłada ją do trzech już wybranych.

6 W końcu podnosi wybrane karty i pokazuje je widowni. Przewidział znakomicie. Wszystko się zgadza!

NIEWIDZIALNA RĘKA

ILUZJA

Niewidzialna ręka dotyka ramienia widza.

1 Magik prosi jednego z widzów, żeby stanął dokładnie naprzeciwko niego.

2 Wyciąga przed siebie dłonie z wyprostowanymi palcami wskazującymi i resztą palców zwiniętą w pięść.

3 Podnosi ręce ze złączonymi palcami wskazującymi na wysokość oczu. Mówi widzowi, że tymi palcami dotknie jego czoła.

NIEWIDZIALNA RĘKA

4 Magik poleca, by widz zamknął oczy i nie podglądał, bo sztuczka się nie uda i przesuwa ręce w stronę czoła widza.

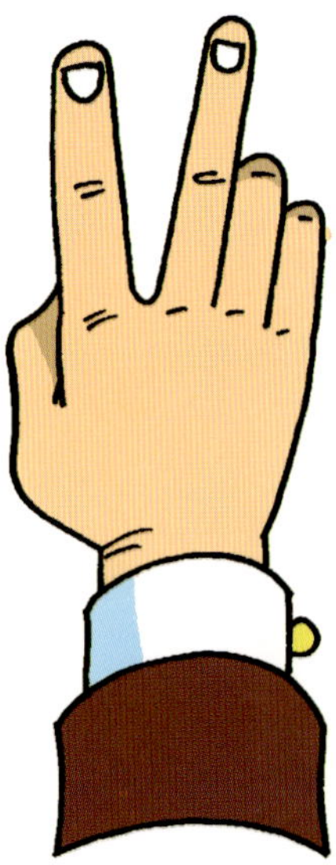

5 Gdy jest pewny, że widz nie podpatruje, podnosi palec środkowy jednej ręki i ustawia tak, by tworzył ze wskazującym literę „V". Tymi dwoma palcami dotyka czoła widza.

6 Jednocześnie drugą ręką szybko i delikatnie dotyka jego ramienia.

7 Następnie momentalnie łączy ręce z powrotem i przyjmuje pozę, w której widz go widział, zanim zamknął oczy. Prosi widza o otwarcie oczu i pyta, czy poczuł dotyk niewidzialnej ręki.

TAKIE SAME

ILUZJA

Magik i widz mają po talii kart. Każdy dzieli swoją na pół. Okazuje się, że w miejscu podziału w obu taliach są dokładnie takie same karty.

1 Przed wykonaniem sztuczki magik przygotowuje obie talie. Na spodzie każdej z nich umieszcza identyczną parę kart, skierowanych do siebie. Musi zadbać, żeby widz nie spojrzał na spód talii!

2 Magik rozpoczyna sztuczkę od ułożenia obu talii na stole oraz poproszenia jednego z widzów o wybranie dowolnej z nich i schowanie za plecami. Magik robi to samo z drugą talią.

3 Teraz zwraca się do widza, by trzymaną za plecami talię podzielił na pół i złożył grzbietami na zewnątrz. Sam także to robi.

TAKIE SAME

4 Obie talie ponownie wracają na stół. Magik prosi widza o znalezienie miejsca złożenia kart, najpierw w jednej, potem w drugiej talii.

5 Karty w miejscu złożenia w obu taliach są identyczne!

PAN MAGUS

ILUZJA

Magik prosi widza o wymienienie dowolnej karty, a następnie dzwoni do pana Magusa, który – jak się okazuje – wie, jaka to karta.

1 Przed wykonaniem sztuczki magik prosi przyjaciela o odegranie roli pana Magusa. Magik i pan Magus muszą przećwiczyć tę sztuczkę wiele razy przez telefon, zanim wykonają ją przed widownią.

2 Magik rozpoczyna sztuczkę od poproszenia jednego z widzów o wymienienie dowolnej karty.

3 Następnie bierze telefon do ręki i mówi, że zadzwoni teraz do pana Magusa. Wybiera numer.

MAGICZNY FAKT!
„MAGUS" PO ŁACINIE TO CZARODZIEJ, CZARNOKSIĘŻNIK.

4 Kiedy przyjaciel magika odbiera telefon, rozpoczyna się rozmowa. Magik: „Halo, czy mogę rozmawiać z panem Magusem?". Pan Magus mówi powoli: „As, 2, 3, 4, 5, 6, 7, 8, 9, 10, walet, dama, król".

5 Gdy pan Magus dotrze do właściwej karty, Magik odzywa się: „Pan Magus? Dzień dobry".

6 Teraz pan Magus powoli wymienia kolory kart: „Kier, pik, trefl, karo". Kiedy wymieni właściwy, Magik mówi: „Proszę chwilkę poczekać". Teraz pan Magus wie już, którą kartę wymienił widz.

7 Magik przekazuje telefon widzowi, żeby ten mógł poprosić pana Magusa o podanie wartości i koloru jego karty. Przyjaciel magika tajemniczym głosem „pana Magusa" odpowiada na pytanie i… nie myli się! To ta karta!

WYNIK W KOPERCIE

ILUZJA

Magik prosi widza o wybranie jednej karty i podzielenie jej wartości na pół. Następnie podaje widzowi zaklejoną kopertę. Widz otwiera kopertę, wyciąga znajdującą się w niej kartę i odkrywa, że magik przewidział wynik dzielenia.

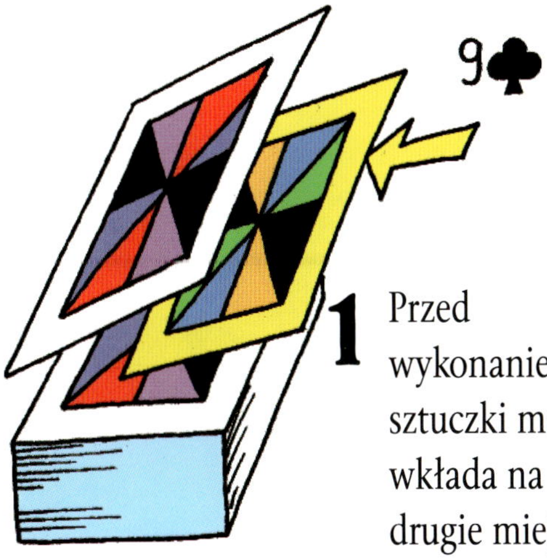

1 Przed wykonaniem sztuczki magik wkłada na drugie miejsce w talii kartę o nieparzystej wartości, np. dziewiątkę trefl.

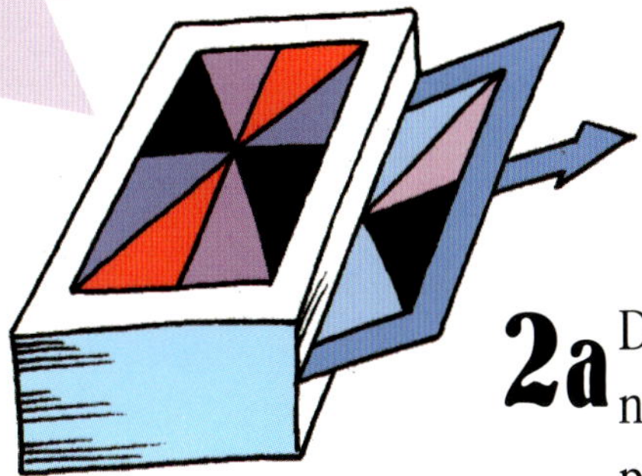

2a Dzieli wartość karty na pół – w tym przypadku to 4 ½. Wyciąga więc z talii czwórkę trefl.

2b Dopisuje ½ do obu czwórek na karcie.

2c Dorysowuje również pół symbolu trefla na środku karty. Tak przygotowaną kartę wkłada do koperty.

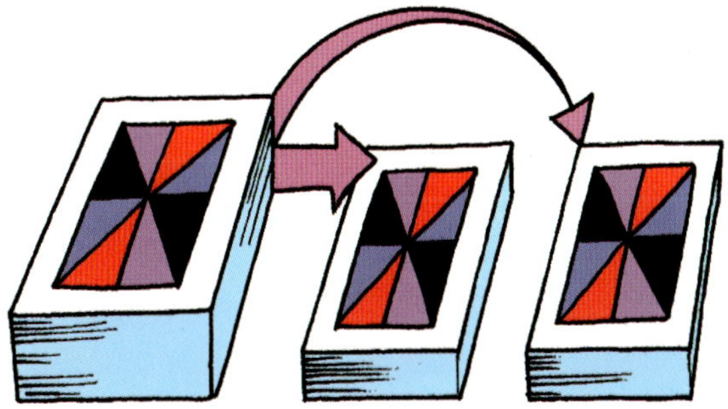

3 Magik rozpoczyna sztuczkę od podzielenia talii na pół.

WYNIK W KOPERCIE

4 Bierze pierwszą kartę z górnej połowy talii i przekłada ją na spód.

5 Wskazuje teraz wierzchnią kartę z górnej połowy talii (czyli dziewiątkę trefl) i prosi widza o zatrzymanie jej.

6 Następnie zwraca się do widza, by spojrzał na kartę i jej wartość podzielił na pół. Wyjaśnia widzowi, że walety mają wartość 11, damy – 12, a króle – 13. Jest to tylko zagranie uwiarygodniające sztuczkę, bo magik wie, jaką kartę widz trzyma w ręce. Widz może zapytać, co zrobić, jeśli wartość karty jest nieparzysta. Magik odpowiada: „To nie ma znaczenia – jakakolwiek jest wartość karty, proszę, podziel ją na pół".

7 Magik wręcza widzowi kopertę, z której widz wyciąga kartę z wynikiem dzielenia.

ABAKUS

PAMIĘTAJ!
ODWRÓĆ – ODEJMIJ.
ODWRÓĆ – DODAJ.

ILUZJA

Magik prosi widza o zapisanie dowolnej liczby trzycyfrowej. Poleca widzowi wykonać kilka matematycznych działań. I podaje wynik! 1089! Rzeczywiście, to tę liczbę ostatecznie zapisał widz!

1 Ta sztuczka to matematyczna łamigłówka. Magik prosi widza, żeby zapisał dowolną liczbę trzycyfrową. Zaznacza tylko, że cyfry mają być różne i nie może być zer – np. 568.

865 - 568 = 297

2a Prosi widza o odwrócenie kolejności cyfr zapisanej liczby i odjęcie mniejszej liczby od większej, np. 865 – 568 = 297. (Jeśli wynik jest liczbą dwucyfrową, widz ma dopisać do niego z przodu zero. Czyli np. liczba 99 zostaje zapisana jako 099).

297 ⟶ 792

2b Zwraca się teraz do widza o odwrócenie nowej liczby. Czyli w naszym przykładzie, 297 zostaje zmienione na 792.

792 + 297 = 1089

2c Następnie prosi o dodanie nowej liczby do jej nieodwróconej poprzedniczki, czyli 792 + 297.

3 Wynikiem zawsze będzie 1089.

TO TA!

ILUZJA

Po wyjściu magika z pokoju widz dotyka jednej z dziesięciu kart. Gdy magik wraca, poprawnie wskazuje, której karty dotknął widz.

1 Magik potrzebuje do tej sztuczki asystenta. Najpierw rozkłada dziesięć kart na stole w taki sposób, jak na rysunku powyżej (jest to układ, jaki tworzą symbole kolorów na karcie o wartości 10). Wśród nich musi być jedna dziesiątka. Wszystkie karty powinny być odkryte.

2 Magik prosi jednego z widzów, aby dotknął którejś karty, gdy on wyjdzie z pokoju. Pozostali widzowie patrzą, która karta została dotknięta.

3 Pośród widzów jest również asystent, który pomoże magikowi dokończyć sztuczkę, gdy ten wróci do pokoju. Magik wraca i staje przy stole z kartami, a asystent po kolei dotyka każdej z nich. Za każdym razem mówi: „Może to ta karta".

4 Przy dziesiątce asystent musi dotknąć symbolu, który odpowiada ułożeniu karty dotkniętej przez widza. Magik czeka, aż asystent dotknie wszystkich kart.

5 Następnie się koncentruje i przesuwa dłonią ponad kartami, aby „poczuć ich energię”. Robi to tylko dla lepszego efektu, bo dzięki asystentowi już wie, gdzie leży dotknięta karta.

6 Teraz wraca ręką nad kartę widza i jej okolice, by jeszcze raz „sprawdzić energię”. W końcu się decyduje. Wskazuje jedną z kart i mówi: „To ta!”.

WYBRANY

ILUZJA

Magik oznajmia, że opuści na chwilę pokój. Prosi jednego z widzów, by w tym czasie wskazał dowolny przedmiot. Po powrocie szybko odgaduje, co to było.

1 Do tej sztuczki magik potrzebuje asystenta. Najpierw prosi jednego z widzów o wskazanie dowolnego przedmiotu podczas swojej nieobecności w pokoju. Asystent zostaje razem z widzami.

2 Powiedzmy, że widz wybiera telewizor. Gdy tylko to uczyni, asystent zaprasza magika z powrotem do pokoju.

3 Asystent zaczyna wymieniać przedmioty znajdujące się w pokoju w następujący sposób: „Czy to lampa?”, „Czy to kaloryfer?”, „Czy to krzesło?”, „Czy to telewizor?”, „Czy to książka?”...

4 Magik pozwala asystentowi dokończyć wyliczankę i mówi: „To telewizor”. Wie już, który przedmiot został wybrany, ponieważ wcześniej ustalił z asystentem kod wyliczania. Wybrany przedmiot to ten, który asystent wymienił PO przedmiocie z czterema nogami (w tym przypadku było to krzesło).

PAPIEROWA MAGIA

PRZECHODZENIE PRZEZ PAPIER

ILUZJA

Magik ma kartkę wielkości A4 i oznajmia widowni, że wytnie w niej dziurę tak dużą, że będzie mógł przez nią przejść. I rzeczywiście tego dokonuje!

1 Magik składa kartkę wzdłuż na pół.

2 Zaczyna ciąć kartkę równolegle do górnej krawędzi w odległości około jednego centymetra od niej. Tnie od środka w stronę krawędzi bocznej, zatrzymując się jednak tuż przed nią. Musi bardzo uważać, żeby NIE przeciąć kartki do końca!

3 Teraz robi kolejne nacięcie równolegle do poprzedniego i około centymetra pod nim, tym razem od krawędzi w stronę zgięcia kartki. Zatrzymuje się przy środku, także nie tnąc do końca.

4 Magik nacina w ten sposób całą kartkę, aż dojdzie centymetr od dolnej krawędzi.

5 Kiedy skończy cięcie, ostrożnie otwiera kartkę. Rozcina wszystkie złączenia na zgięciu POZA górnym i dolnym.

6 Kartka powinna utworzyć teraz duże koło. Magik bez trudu przechodzi przez dziurę w papierze.

MAGICZNA NAPRAWA

ILUZJA

Magik wycina kolumnę tekstu z gazety, składa ją i tnie na pół, a następnie magicznie naprawia.

1 Przed wykonaniem sztuczki magik wycina z gazety długą kolumnę tekstu.

2 Następnie zgina wzdłuż odpowiednio odmierzony kawałek taśmy klejącej. Przykleja na środku z tyłu tekstu, tak by połowa kawałka taśmy odstawała od gazety. Widzowie nie mogą zobaczyć tej strony.

3 Magik rozpoczyna sztuczkę od pokazania widowni tekstu.

4 Składa wycinek gazety na pół, dociskając tak, aby luźny kawałek taśmy skleił złożone części. Musi zostać trochę przestrzeni na nożyczki.

5 Przecina złożoną kolumnę nożyczkami tuż POD zagięciem, ale nie przez nie.

6 Magik jedną ręką trzyma dolną część kolumny, drugą zaś podnosi górną w stronę widowni. Przecięte części trzymają się razem. Wygląda na to, że magik naprawił kolumnę gazety!

LEWITUJĄCY KUBEK

ILUZJA

Magik chwyta kubek, następnie odrywa od niego ręce, a kubek unosi się w powietrzu.

1 Przed wykonaniem sztuczki magik bierze duży papierowy lub piankowy kubek i w połowie jego wysokości robi kciukiem dziurę.

2 Rozpoczyna sztuczkę od podniesienia kubka obiema rękami. Otwór może być widoczny tylko dla magika.

3 Magik dłońmi obejmuje kubek i niezauważenie wkłada kciuk do otworu.

4 Teraz rozluźnia uchwyt i przesuwa kciukiem kubek w górę i w dół, nie dotykając dłońmi ścianek naczynia. Widzowie powinni odnieść wrażenie, że kubek lewituje. Nie mogą zobaczyć otworu z tyłu kubka.

5 Magik ponownie obejmuje kubek dłońmi i wyciąga kciuk z otworu. Następnie odstawia kubek na stolik.

SKACZĄCY PAPIER

ILUZJA

Mały kawałek papieru przyklejony do paznokcia magika przeskakuje z palca na palec.

1 Przed wykonaniem sztuczki magik nakleja na paznokieć palca środkowego mały kawałek papieru.

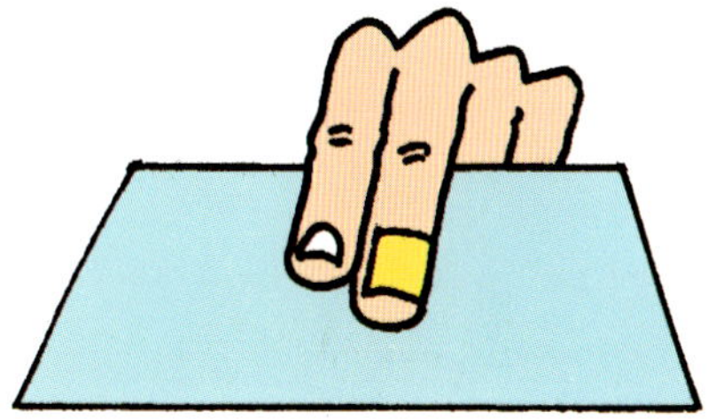

2 Prostuje palce wskazujący oraz środkowy i kładzie na krawędzi stołu, natomiast kciuk oraz resztę palców podwija.

3 Magik podnosi dłoń do ramienia, podwijając jednocześnie palec wskazujący i prostując palec serdeczny. Ruch ten wykonuje bardzo szybko.

MAGICZNA WSKAZÓWKA!

SZTUCZKA TA MOŻE BYĆ WIELOKROTNIE POWTARZANA, CO STWARZA ILUZJĘ, ŻE PAPIEREK PRZESKAKUJE MIĘDZY PALCAMI TAM I Z POWROTEM. IM SZYBSZE WYKONANIE, TYM WIĘKSZY EFEKT.

4 Gdy ponownie kładzie palce na krawędzi stołu, wygląda na to, że papierek przeskoczył z jednego palca na drugi.

5 Magik ponownie podnosi dłoń do ramienia, a kiedy znowu kładzie ją na krawędzi stołu, układa palce w pozycji wyjściowej (teraz wyprostowane palce to wskazujący i środkowy).

PAPIEROWE DRZEWO

ILUZJA

Magik dla zabawy stwarza drzewo z gazety.

1 Magik zwija prostokątny kawałek gazety w rulon.

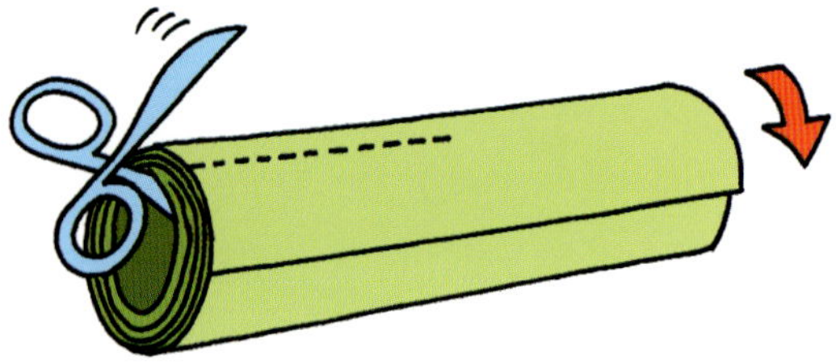

2a Przecina rulon wzdłuż linii prostej do połowy długości.

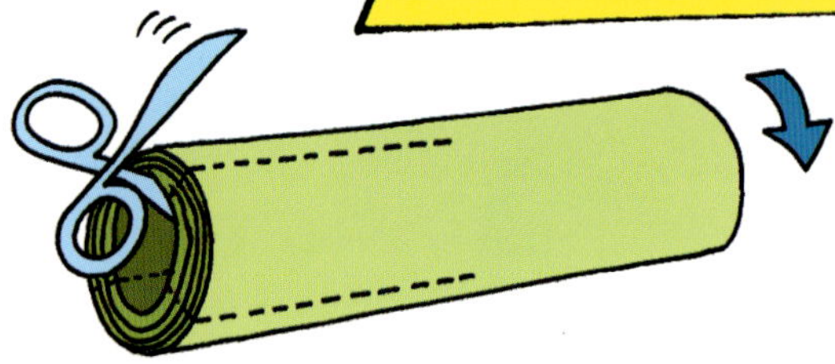

2b Następnie wycina jeszcze dwie linie równoległe do pierwszej, zachowując równe odstępy między nimi.

3 Pozwala pociętym kawałkom gazety opaść w dół.

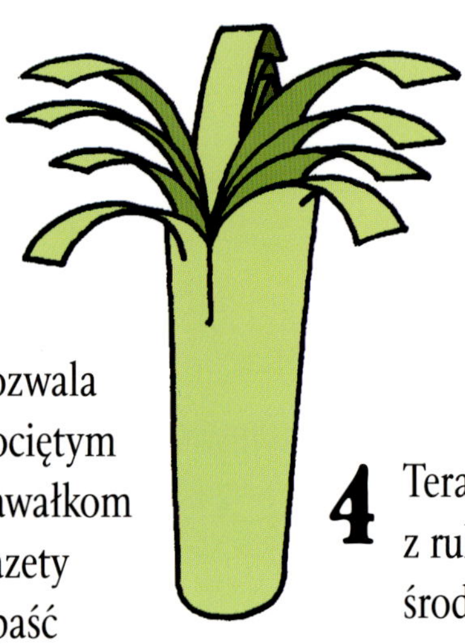

4 Teraz wyciąga z rulonu środkowe zwoje.

5 Z papieru wyrosło drzewo!

PONAD GŁOWĄ

ILUZJA

Widz siedzi twarzą do widowni, a na jego oczach za sprawą magika znikają papierowe kulki.

1 Magik prosi jednego z widzów, żeby usiadł na krześle twarzą do publiczności.

2 Zwija papierową chusteczkę w kulkę i pokazuje ją publiczności oraz wybranemu widzowi.

3 Przerzuca ją przed widzem z ręki do ręki.

4 Teraz magik szybkim ruchem rzuca papierową kulkę za widza ponad jego głową, ale udaje, że nadal przerzuca ją między swoimi dłońmi. Oczywiście, publiczność to widzi.

5 Magik otwiera puste dłonie i pokazuje widzowi, że papierowa kulka zniknęła. Powtarza sztuczkę do czasu, aż widz zorientuje się, co się dzieje z kulkami papieru.

PRZEMIANA PIENIĘDZY

ILUZJA

Banknot złożony przez magika zmienia się w inny.

1 Przed wykonaniem sztuczki magik bierze dwa banknoty o różnych nominałach i jeden z nich kładzie na stole.

2a Składa ten banknot na pół z lewej do prawej.

2b Ponownie składa go na pół z lewej do prawej.

2c Jeszcze raz składa go na pół, tym razem z góry na dół, aby banknot utworzył kwadrat.

3a Rozkłada drugi banknot na stole.

3b Kawałkiem taśmy klejącej przymocowuje złożony banknot (zagięciem do góry) w prawym dolnym rogu rozłożonego banknotu. Poskładany banknot nie powinien wystawać z żadnej strony.

PRZEMIANA PIENIĘDZY

4 Magik rozpoczyna sztuczkę od pokazania widowni rozłożonego banknotu. Chwyta go dłońmi tak, by prawy kciuk przytrzymywał banknot doklejony, a palce dłoni (poza kciukami) znajdowały się z przodu banknotu rozłożonego.

5a Następnie składa na pół z lewej do prawej banknot widoczny dla widowni.

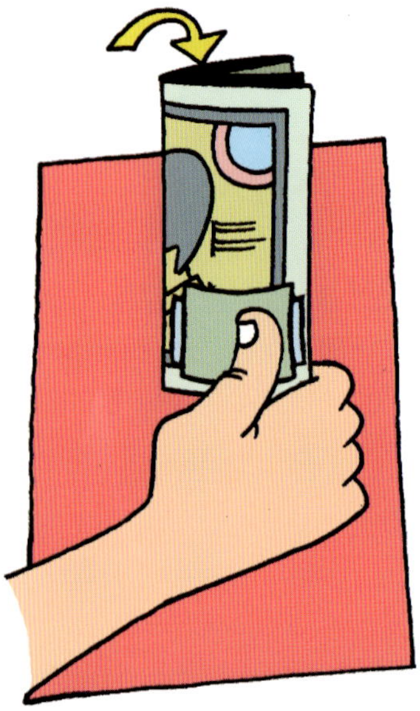

5b Ponownie składa go na pół w tę samą stronę.

5c Po raz trzeci składa go na pół, tym razem jednak z góry na dół. Musi przy tym uważać, żeby nie pokazać ukrytego banknotu.

6 Szybkim ruchem odwraca poskładane banknoty. Ukryty dotąd banknot znajduje się teraz z przodu.

7 Używając obu dłoni, magik ostrożnie rozkłada przedni banknot (czyli ten, który wcześniej był ukryty), uważając, żeby nie pokazać banknotu, który teraz znalazł się z tyłu. Ręce powinien trzymać w taki sam sposób, jak na początku sztuczki.

KÓŁKO I KRZYŻYK

ILUZJA

Dwa kawałki kartki ze znakami „X" i jeden ze znakiem „O" zostają wrzucone do torby. Magik z zamkniętymi oczami wyciąga ten kawałek, który wskażą widzowie.

1 Na kartce papieru magik rysuje duży „X", potem „O" i znowu „X". Każdy znak powinien zajmować jedną trzecią kartki.

2a Składa kartkę na trzy.

2b Rozrywa papier wzdłuż linii zagięcia (kartki nie można pociąć nożyczkami!).

KÓŁKO I KRZYŻYK

3 Magik wrzuca kawałki papieru do torby i prosi jednego z widzów o wybranie: „kółko" czy „krzyżyk".

4 Następnie wkłada rękę do torby i wyciąga kawałek papieru ze znakiem, który został wybrany. Bezbłędnie! Jak to robi? Sprawdza dłuższe krawędzie kawałków papieru: oba znaki „X" mają po jednej krawędzi gładkiej i jednej poszarpanej, „O" natomiast ma poszarpane obie krawędzie.

5 Dla lepszego efektu magik może zasłonić sobie oczy przepaską lub chustką.

PODRZYJ I SCAL

ILUZJA

Magik pokazuje widowni kawałek gazety lub czasopisma, drze go na kilka pasków i zwija razem w kulkę. Gdy ją rozwinie – gazeta znowu jest cała.

1 Przed wykonaniem sztuczki magik przygotowuje dwa identyczne kawałki gazety lub czasopisma. Jeden z nich mnie w kulkę.

2 Zaczyna od rozłożenia duplikatu, za który chowa przygotowaną wcześniej kulkę z gazety. Przytrzymuje ją lewym kciukiem w lewym górnym rogu duplikatu. Resztę palców trzyma na duplikacie od strony widowni.

3 Prawą ręką magik zaczyna drzeć duplikat na długie paski. Każdy oderwany kawałek przekłada do lewej ręki, gdzie trzyma gazetową kulkę.

PODRZYJ I SCAL

4 Podarte paski magik zwija razem i także mnie w kulkę. Musi uważać, żeby wraz z nimi nie zmiąć kulki ukrytej już w ręku. Powinien teraz mieć dwie zmięte kulki.

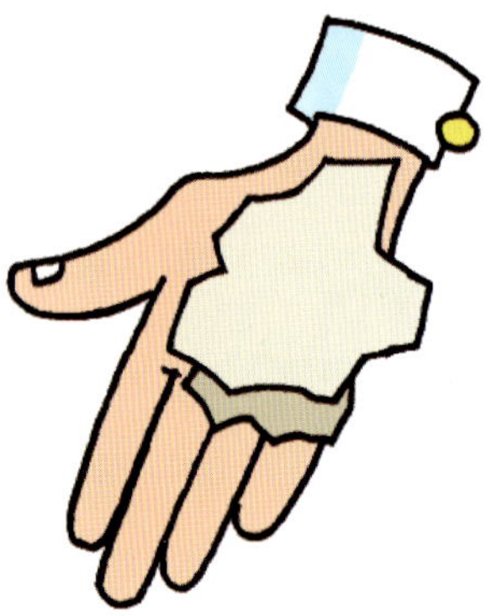

5a Magik przekłada obie kulki do prawej ręki, ale widz może widzieć tylko jedną z nich.

5b Kulka przygotowana przed występem powinna być na wierzchu.

6 Magik powoli otwiera dłoń i rozkłada niepodarty kawałek gazety, który wygląda jakby magicznie się naprawił. Chowa za nim kulkę z podartą gazetą. Publiczność ani przez chwilę nie może jej widzieć.

SZTUCZKI STOLIKOWE

KARTA PRZENIKAJĄCA PRZEZ STÓŁ

ILUZJA

Widz wybiera dowolną kartę i odkłada ją na wierzch talii. Magik kładzie talię na stół i zaczarowuje kartę, która przenika przez talię i blat.

1 Magik zwraca się do jednego z widzów o wybranie dowolnej karty z talii.

2 Następnie rozdziela talię na dwie części i kładzie jedną obok drugiej na stole. Gdy to robi, niepostrzeżenie zabiera jedną kartę i chowa grzbietem do wnętrza dłoni. By widz nie dostrzegł karty, opuszcza rękę wzdłuż ciała.

3 Teraz prosi widza o położenie wybranej karty grzbietem do góry na wybranej przez niego części talii.

5a Teraz stuka palcem w tę samą część talii.

4 Magik podnosi opuszczoną rękę i uderza płaską dłonią w część talii, na której widz położył swoją kartę. Gdy to robi, kładzie kartę schowaną w dłoni na karcie widza.

5b Powtarza uderzenie dłonią i stuka palcem w drugą część talii, ale tym razem nie dokłada żadnej karty.

5c Mówi, że zapomniał zrobić jeszcze jedną rzecz. Podnosi kartę, którą położył na karcie widza. Widz myśli, że to jego karta.

KARTA PRZENIKAJĄCA PRZEZ STÓŁ

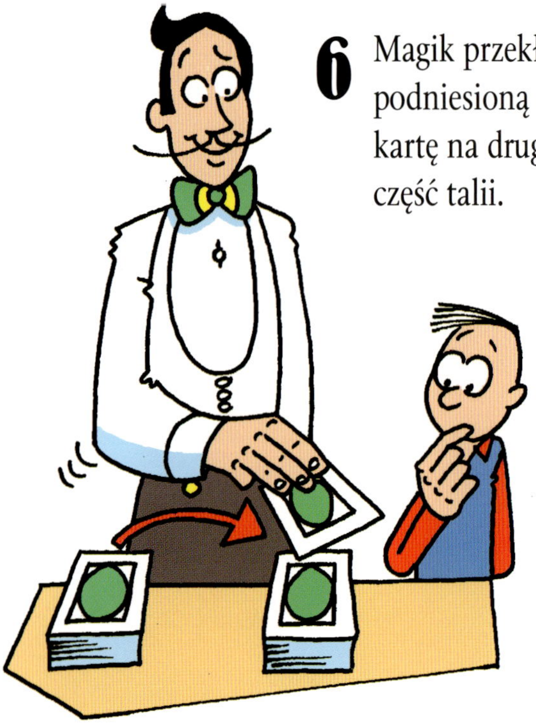

6 Magik przekłada podniesioną kartę na drugą część talii.

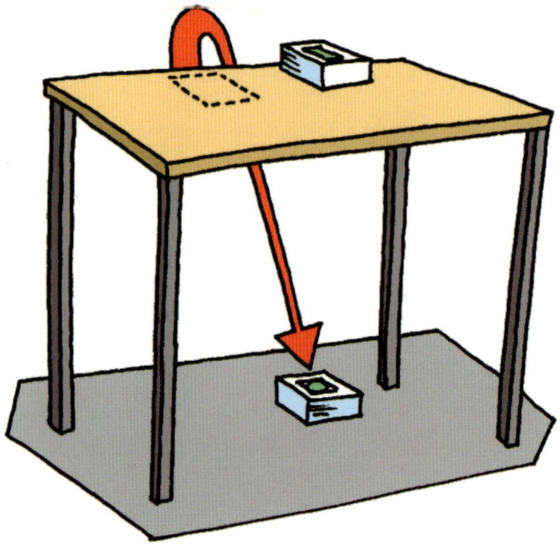

7a Bierze część talii z kartą widza i kładzie ją pod stołem dokładnie pod częścią talii pozostałą na blacie. Pyta widza, czy ma uderzyć dłonią, czy też postukać palcem w jego kartę.

7b Zgodnie z poleceniem widza uderza dłonią lub stuka palcem w część talii leżącą na stole.

8 Teraz sięga po pierwszą kartę z części talii leżącej pod stołem. Pokazuje ją widzowi. Nie do wiary! Karta wybrana przez widza przeniknęła przez stół!

ZNIKNIĘCIE MONETY

ILUZJA

Magik kładzie na stole monetę. Przykrywa ją przezroczystym kubkiem i moneta znika. Podnosi kubek i moneta znowu się pojawia.

1 Przed rozpoczęciem sztuczki magik przygotowuje kubek. Kładzie monetę i kubek na kawałku czerwonego papieru.

2a Wycina papier tak, by dokładnie pasował do kubka.

2b Wycięte kółko przykleja do krawędzi naczynia.

3 Teraz stawia kubek dnem do góry na większej kartce czerwonego koloru. Widzowie nie będą widzieli przyklejonego kawałka papieru, bo będzie on zamaskowany czerwonym tłem.

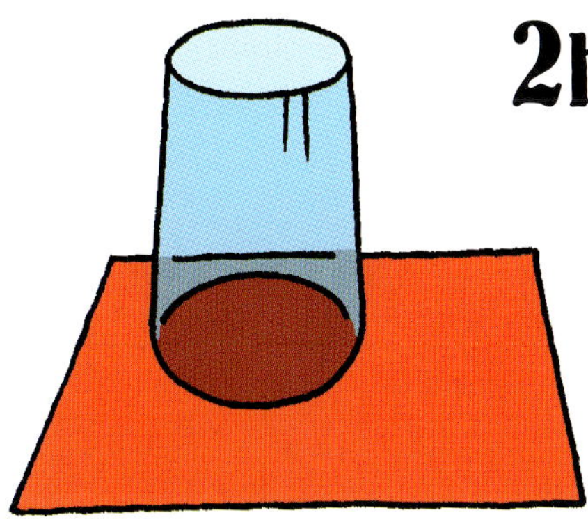

ZNIKNIĘCIE MONETY

4 Magik rozpoczyna sztuczkę od położenia monety obok kubka.

5 Zakrywa kubek chustką, podnosi go i stawia na monecie.

6 Odsłania chustkę i pokazuje widowni, że moneta zniknęła. (Moneta została przykryta papierem przyklejonym do kubka).

7 Magik ponownie przykrywa kubek chustką i przestawia go. Czary mary – moneta pojawiła się z powrotem!

ZAMIESZANIE Z TRZEMA KUBKAMI

ILUZJA

Magik stawia na stole trzy kubki – dwa dnem do góry i jeden normalnie. Zwraca się do widza o trzykrotne odwrócenie dwóch dowolnych kubków, tak by ustawić je normalnie. Widz nie jest w stanie tego dokonać, a magik z łatwością radzi sobie z zadaniem.

1 Magik ustawia na stole trzy kubki jeden obok drugiego. Środkowy kubek stoi normalnie, a dwa zewnętrzne dnem do góry.

2 Teraz prosi jednego z widzów, by odwracając po dwa kubki, w trzech ruchach ustawił je w pozycji normalnej.

3 Magik prezentuje, o co mu chodzi, stawiając jeden z zewnętrznych kubków normalnie, a środkowy dnem do góry.

ZAMIESZANIE Z TRZEMA KUBKAMI

4 Następnie magik odwraca obydwa zewnętrzne kubki – jeden stoi teraz normalnie, a drugi dnem do góry.

5 W ostatnim ruchu odwraca dwa kubki stojące dnem do góry – teraz wszystkie stoją normalnie.

6 Magik odwraca środkowy kubek dnem do góry i prosi widza, żeby teraz on wykonał sztuczkę.

7 Jednak widz nie będzie w stanie tego zrobić, bo oryginalne ustawienie kubków było inne: środkowy kubek stał normalnie, a zewnętrzne dnem do góry.

ROZBITA!

ILUZJA

Magik zakrywa filiżankę chustką, przesuwa ją po stole i rozgniata. W końcu pokazuje, że filiżanka jest cała, przepchnął ją tylko przez stół!

1a Magik stawia na stole filiżankę dnem do góry.

1b Owija ją dokładnie folią aluminiową, która powinna utworzyć na filiżance szczelną skorupę, a następnie przykrywa chustką.

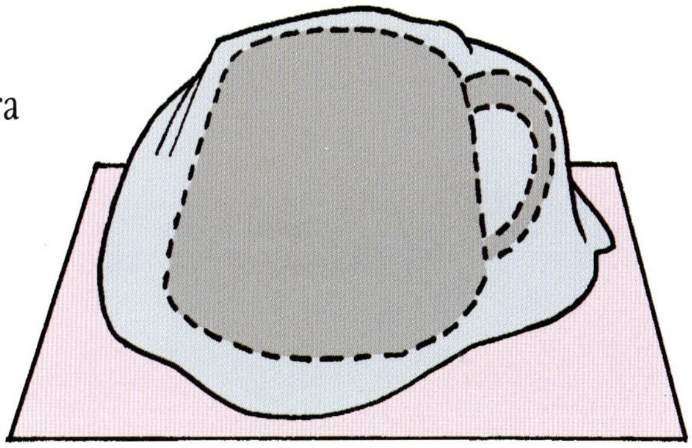

2 Filiżankę przykrytą folią i chustką kolistymi ruchami przesuwa do przodu, do tyłu i na boki.

3 Magik po chwili manipulowania filiżanką przysuwa ją do siebie i upuszcza na kolana, tak żeby widzowie tego nie zauważyli.

4 Pod chustką zostaje folia, którą nadal przesuwa po stole.

5 Teraz gniecie ją na środku stołu, udając, że wpycha w stół filiżankę, którą w rzeczywistości trzyma już w drugiej ręce.

6 Magik wyciąga filiżankę spod stołu i wyjaśnia, że udało mu się ją przepchnąć przez stół bez rozbijania.

ZGARNIĘTE

ILUZJA

Osiem monet zamienia się w dziewięć.

1 Przed wykonaniem sztuczki magik ukrywa monetę. Za pomocą dwustronnej taśmy klejącej lub wosku przykleja ją od spodu do blatu stołu.

2 Rozpoczyna sztuczkę od rozłożenia na stole ośmiu monet. Prosi jednego z widzów o ich przeliczenie.

3 Pokazuje widowni puste dłonie i podciąga rękawy, aby udowodnić, że w nich też nic nie chowa.

4 Magik staje przy stole od strony przyklejonej monety, przykłada dłoń do stołu i drugą ręką zsuwa do niej osiem monet.

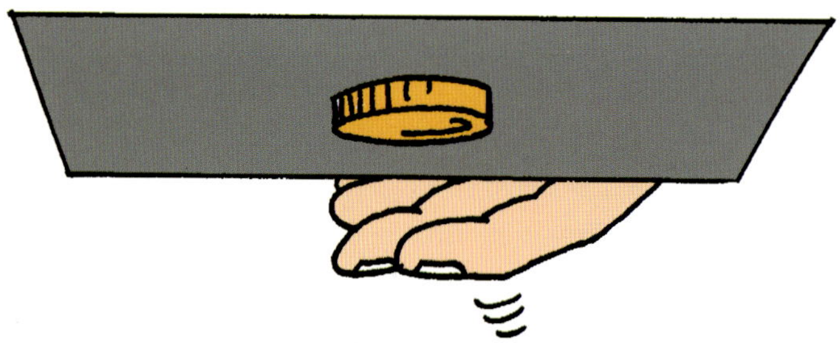

5 Dłonią, do której wpadają monety, odkleja tę przymocowaną pod stołem.

6 Teraz ponownie układa monety na stole.

7 Prosi widza o powtórne przeliczenie. Tym razem, oczywiście, na stole leży dziewięć monet.

BALANSUJĄCY TALERZ

ILUZJA

Magik stawia talerz na jednej karcie.

WAŻNE!

WIDZOWIE MUSZĄ SIEDZIEĆ NA WPROST MAGIKA, ŻEBY NIE WIDZIELI TYŁU PRZYGOTOWANEJ KARTY.

1 Przed wykonaniem sztuczki magik przygotowuje kartę, na której postawi talerz. Jedną kartę kładzie grzbietem do góry, drugą zgina wzdłuż na pół grzbietem do środka.

2 Magik przykleja złożoną kartę jedną połową (odkrytą) do grzbietu drugiej karty. Zgięcie powinno wypadać dokładnie na środku. Krawędzie obu kart powinny być idealnie do siebie dopasowane, żeby „sklejanka” wyglądała jak jedna karta.

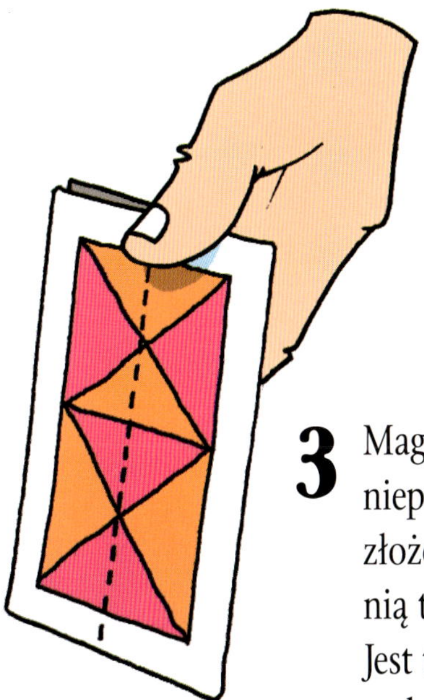

3 Magik odgina nieprzyklejoną część złożonej karty i przykrywa nią tył drugiej karty. Jest teraz gotowy do wykonania sztuczki.

BALANSUJĄCY TALERZ

4 Magik pokazuje widowni przód i tył karty (a właściwie dwóch sklejonych, o czym widzowie nie wiedzą).

5 Ustawia kartę otwartą do widowni w pozycji pionowej i przytrzymuje jedną ręką.

6 Drugą ręką delikatnie stawia na karcie nieduży talerz. Udając, że nim balansuje, odgina przygotowaną kartę, by utworzyła kształt litery „T".

7 Teatralnie puszcza talerz, zabierając obie ręce jednocześnie. Talerz utrzymuje się na karcie!

WODA W LÓD

ILUZJA

Magik nalewa do kubka wodę, która zamienia się w lód.

1 Przed wykonaniem sztuczki magik wkłada do kubka lekko wilgotną gąbkę. Upewnia się, że jest idealnie dopasowana do jego kształtu. Na gąbce kładzie kilka kostek lodu.

2 Na stole ustawia butelkę wody i czystą, pustą miskę. Jest gotowy do wykonania sztuczki.

3 Teraz bierze do ręki kubek, tak by widzowie nie mogli widzieć jego wnętrza (w czasie tej sztuczki powinni siedzieć).

4 Sięga po butelkę z wodą i nalewa niewielką ilość do kubka. (Wody może być tylko tyle, ile gąbka jest w stanie wchłonąć).

5 Uważając nadal, by widzowie nie zobaczyli wnętrza kubka, magik odwraca go nad miską. Do miski sypią się kostki lodu.

ŻYWY PALEC

ILUZJA

Magik otwiera pudełko, w którym leży odcięty żywy palec.

1 Przed wykonaniem sztuczki magik przygotowuje nieduże pudełko. Najpierw wykłada je watą.

2 Następnie wycina w spodzie pudełka otwór na tyle duży, żeby mógł włożyć do niego środkowy palec. Wkłada małe pudełko do dużego pudła.

3 Posypuje wierzchnią część środkowego palca talkiem. Teraz jest gotowy do wykonania sztuczki.

4 Mówi widzom, że posiada pudełko, w którym znajduje się odcięty palec. Wyciąga obiema rękami małe pudełko z wnętrza większego pudła.

5 Wyjmując pudełko, magik wkłada do wyciętego w nim otworu środkowy palec. Palec powinien być zgięty, tak żeby część posypana talkiem była widoczna. Otwór będzie zakryty watą.

6 Magik powoli ściąga przykrywkę pudełka i pokazuje jego zawartość widzom.

7 Gdy widzowie oglądają odcięty palec, magik mówi jednemu z nich, żeby go dotknął. Kiedy widz dotyka palca, magik porusza nim, żeby pokazać, że faktycznie jest to żywy odcięty palec!

SUPEŁ

ILUZJA

Magik prosi widza, by chwycił chustę za dwa przeciwległe końce i spróbował zawiązać na niej supeł. Widz nie jest w stanie tego zrobić, a magik – tak.

1 Magik krzyżuje ręce tak, że jego prawa ręka spoczywa na lewym bicepsie, a lewa ręka przechodzi nad prawą i chowa się pod prawym bicepsem.

2 Magik, trzymając nadal ręce skrzyżowane, chwyta jeden koniec chustki prawą ręką nad lewym bicepsem, natomiast drugi koniec lewą ręką pod prawym bicepsem. (Wymaga to wprawy. Można poprosić widza, żeby podał końce chustki).

3 Magik powoli rozsuwa ręce, aż chustka zawiąże się w supeł.

MAGIK MIKE PREZENTUJE

SZTUCZKI MAGICZNE

Chcesz wykonywać
niesamowite sztuczki magiczne?
Ta książka pokaże Ci, jak to zrobić!
Zadziw swoich przyjaciół i rodzinę
wspaniałymi możliwościami umysłu
i ciała oraz panowaniem nad niepojętą
mocą kart, monet i papieru.
Magik Mike zaprasza Cię
do tajemnego kręgu magii, w którym
podzieli się z Tobą sekretną wiedzą
i opisze dokładnie każdą sztuczkę.
To jedna z niewielu okazji,
by poznać zaczarowany świat iluzji,
a potem pokazać go zachwyconej
publiczności.

Zapraszamy do księgarni internetowej:
www.wydawnictwo-debit.pl

ISBN 978-83-7167-986-5

9 788371 679865 >

Cena: [redacted]

Wydawnictwo DEBIT sp. j.
43-300 Bielsko-Biała
ul. M. Gorkiego 20